ARSÈNE HOUSSAYE

LUCIE

HISTOIRE

D'UNE FILLE PERDUE

PARIS

E. DENTU, LIBRAIRE-ÉDITEUR

17 et 19, Galerie d'Orléans, Palais-Royal.

LUCIE

HISTOIRE

D'UNE FILLE PERDUE

ARSÈNE HOUSSAYE

LES GRANDES DAMES

MONSIEUR DON JUAN. — MADAME VÉNUS. — LES PÉCHERESSES BLONDES. — UNE TRAGÉDIE A EMS.

LES PARISIENNES

LA FEMME QUI FRAPPE. — MADEMOISELLE PHRYNÉ. — LES FEMMES ADULTÈRES. — LES FEMMES DÉCHUES.

LES COURTISANES DU MONDE

MESSALINE BLONDE. — LES AVENTURES DE VIOLETTE. — LES FEMMES DÉMASQUÉES. — COMMENT FINISSENT LES PASSIONS.

10e édition. — 12 vol. in-8o cavalier, avec portraits et gravures, 60 fr.

HISTOIRE DU 41e FAUTEUIL DE L'ACADÉMIE

DEPUIS MOLIÈRE JUSQU'A BÉRANGER

7e édition. — Portraits. — 1 vol. in-8o cavalier.

LE ROI VOLTAIRE

5e édition. — Gravures. — 1 vol. in-8o cavalier.

VOYAGE A MA FENÊTRE

1 vol. in-8o cavalier. — 5e édition. — Gravures de Johannot.

HISTOIRE DE LÉONARD DE VINCI

1 vol. in-8o. — Portraits.

MADEMOISELLE CLÉOPATRE

8e édition. — 1 vol. grand in-8o.

POÉSIES COMPLÈTES

8e édition. — 1 volume in-8o. — Gravures.

LA FEMME FUSILLÉE

2 volumes in-8o cavalier, avec portraits. 10 fr.

IMPRIMERIE EUGÈNE HEUTTE ET Cie, A SAINT-GERMAIN.

LUCIE

HISTOIRE

D'UNE FILLE PERDUE

PAR

ARSÈNE HOUSSAYE

PARIS

E. DENTU, LIBRAIRE-ÉDITEUR

17 et 19, Galerie d'Orléans, Palais-Royal.

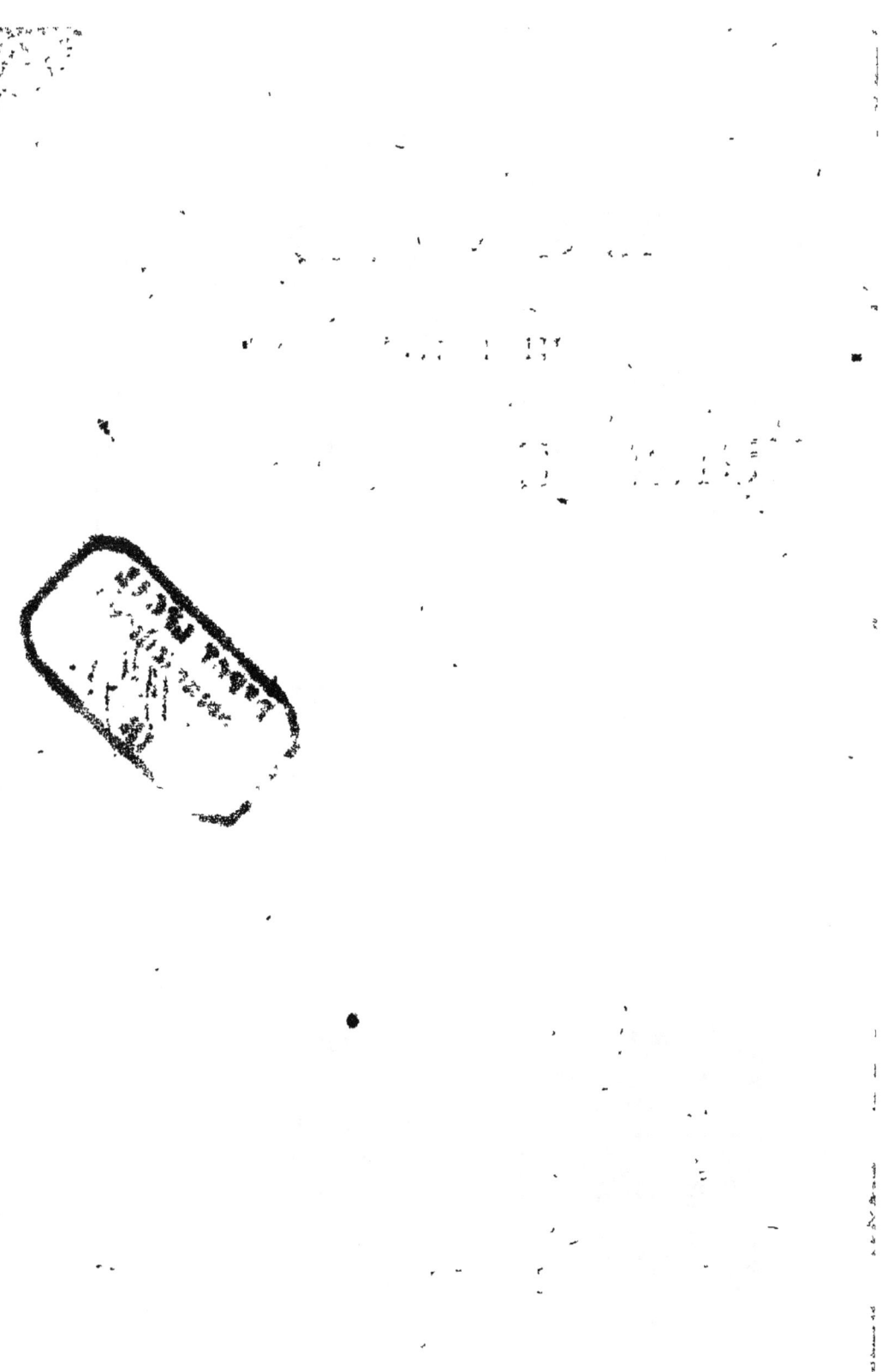

LIVRE PREMIER

I.

CE QUE COUTE UN BOUQUET DE CENT SOUS.

lle se nommait Lucie Moreau, il se nommait Gontran Staller. Mais elle avait plus ou moins italianisé son nom pour le théâtre, car elle chantait alors aux Bouffes-Parisiens.

Pourquoi l'aimait-il ? Pourquoi l'aimait-elle ?

Demandez à Chamfort. Comment s'étaient-ils connus ? Je n'en sais rien. Ils ne le savaient plus eux-mêmes. Un matin, ils s'étaient réveillés très-surpris de se trouver ensemble.

La mère et la sœur de Gontran avaient tenté vainement de jeter une goutte d'eau bénite dans son cœur — un enfer. Il ne jurait plus que par Lucie, il s'affichait partout avec elle, non-seulement dans les avant-scènes des petits théâtres, mais encore au Bois, où il la traînait en américaine, en phaéton ou en dog-cart, à moins qu'il ne la nichât avec lui dans son coupé. Il ne craignait pas d'être vu par sa mère et sa sœur ; il avait pourtant encore la pudeur de n'arriver au Bois qu'un peu tard, à l'heure des amoureux, quand déjà les calèches bourgeoises rebroussent vers les Champs-Élysées.

On ne s'inquiétait pas trop de lui voir jeter l'argent par les fenêtres. Son père, qui avait une vraie fortune, en terres comme en papier, pouvait perdre un million sans trop sourciller. Toutefois, il ne savait rien des désordres de Gontran. Il lui connaissait des amitiés d'élite et il ne croyait pas qu'il pût tomber jusqu'à la folie. Il s'était bien aperçu qu'il vivait dans cette belle oisiveté parisienne qui moissonne le blé vert, mais il jugeait qu'il resterait assez de gerbes mûres pour l'heure de la raison.

M. Staller, quoique d'origine lorraine, était parisien par les coutumes, par les mœurs, par l'esprit.

Il eût été désolé de voir son fils passer à côté de la jeunesse sans l'aimer; mais il condamnait énergiquement tous ces enfants prodigues qui font une orgie de leurs vingt ans, qui y souillent leur âme et qui y altèrent leur virilité. Il ne voulait pas que l'homme fût tué par le jeune homme; mais il était bien loin de se douter que sa femme et que sa fille pleuraient déjà au spectacle des déchéances de son fils.

Un soir, que Mlle Lucie avait un peu plus mal chanté que de coutume, elle entraîna Gontran à une fête donnée par une de ses amies, la Rosemont, surnommée la Roche Tarpéienne. On avait jeté un bouquet à cette illustre comédienne, il fallait qu'elle le montrât à tout le monde. Et puis, c'est si ennuyeux d'aller se coucher quand les autres s'amusent! Elle devait retrouver là beaucoup de ses amis des deux sexes.

On dansait dans un salon, on jouait dans un autre; Mlle Lucie ne se trouva pas assez décolletée pour danser; elle se mit nonchalamment à une table de jeu en disant:

— Je joue mon bouquet.

On avait joué un baccarat. Mais pour être agréable à la Taciturne qui ne savait pas compter jusqu'à neuf, on lansquenettait. Il y avait cinq cents francs d'enjeu.

— Mon bouquet contre les cinq cents francs, reprit Lucie.

C'était le comte d'Aspremont — un ami de Gontran, un ci-devant ami de Lucie — qui avait la main.

Il regarda à deux fois son ex-amie.

— Je passe la main, dit-il avec impertinence.

Il jugeait que la femme — je me trompe, le bouquet, — ne valait pas cinq cents francs.

— Et moi, dit le vicomte de Harken, je prends la main et le bouquet.

Disant ces mots, il prit d'une main la main de Mlle Lucie, et de l'autre main les cartes. Gontran eut une secousse de jalousie, mais il était trop bien élevé pour ne pas sourire comme les autres.

— Ce bouquet-là vaut bien cinq cents francs, dit Harken en regardant l'actrice.

Il le posa devant lui et jeta à côté un billet de cinq cents francs.

Il retourna sept ou huit cartes.

— Lansquenet! dit-il. Messieurs, il y a mille francs.

— Comment l'entendez-vous ? dit un joueur sérieux.

— C'est bien simple, cinq cents francs par ce billet et cinq cents par ce bouquet. Ce bouquet n'est pas un billet de banque, mais c'est un billet à ordre. N'est-ce pas, Lucie, que tu payeras à l'échéance ?

— Oui, dit Lucie qui ne voulait pas désobliger Harken, je payerai à l'échéance.

Et elle rougit comme une vierge.:

— Mais je sais bien qui m'apportera le bouquet, reprit-elle.

— Qui donc ?

— Gontran !

Harken passa la main.

— C'est trop brûlant, dit-il.

M. Eugène Marx, un banquier qui venait de faire un emprunt d'État, avait pris la main.

— Je tiens les mille francs, dit Gontran.

— Le bouquet vous coûtera cher, dit Eugène Marx.

Le banquier gagna.

Il se passa alors un de ces coups extraordinaires qui font croire que les cartes ont leurs malices.

— Je tiens les deux mille francs, dit Gontran moitié souriant, moitié furieux.

Mlle Lucie l'encouragea du regard, car il était en face d'elle.

Le banquier retourna deux as.

— Quatre mille francs ! dit-il en levant les yeux sur Gontran.

— Tenu ! dit l'amoureux.

Le banquier retourna deux dix.

— Ces cartes sont ensorcelées, dit la comédienne.

— Oui, dit sa voisine, c'est moi qui ai coupé.

Et cette jeune fille pria M. Eugène Marx de la mettre dans son jeu.

— Oui, lui dit-il avec dédain, pour cent sous.

Cette fois le banquier fut obligé de retourner sept ou huit cartes, mais il gagna encore.

— Qui tient les seize mille francs ? dit-il d'un air dégagé.

— Moi, dit froidement Gontran.

Quatre cartes après il y avait trente-deux mille francs.

— Continuez, dit Gontran.

Le banquier retourna un valet de pique.

— Ah ! diable ! dit-il gravement, celui-là va me trahir.

Mais la quatrième carte retournée était un autre valet de pique.

— Soixante-trois mille cinq cents francs et un bouquet, dit M. Eugène Marx, pour prouver qu'il n'était pas ému.

— Je tiens le bouquet et les soixante-trois mille cinq cents francs, dit Gontran.

— Ne cours donc point après ton argent, lui cria une joueuse.

— Ce n'est pas après son argent qu'il court, c'est après mon bouquet, dit modestement Mlle Lucie.

Il se passa un terrible combat dans l'esprit de Gontran : s'il perdait encore, qui lui prêterait, dans les vingt-quatre heures, les cent vingt mille francs perdus ? Déjà sa mère lui avait donné toutes ses réserves; déjà sa sœur, sous prétexte de tableaux à acheter, lui avait ouvert sa bourse de jeune fille. Il n'y a pas d'amis qui prêtent cent vingt mille francs, surtout parmi les joueurs.

La musique allait toujours, mais on ne dansait ni ne valsait : tout le monde était venu pour assister à ce duel au bouquet. Gontran faisait bonne contenance, souriant et se balançant avec grâce pour masquer son émotion.

Le coup se fit attendre, mais le banquier gagna encore.

Il posa les cartes sur la table comme un homme qui en a assez.

— Je ne suppose pas, dit Gontran, que vous ayez la prétention de cesser le jeu ?

M. Eugène Marx le regarda fixement.

— Je ne suppose pas que vous ayez la prétention de continuer ce jeu-là jusqu'à l'aurore ?

— Eh bien ! donnez-moi le bouquet, dit l'amoureux.

— Oh ! par exemple non, dit le banquier d'un air chevaleresque, pour masquer la joie qu'il avait de gagner cent vingt-huit mille francs.

Tout le monde regardait en silence.

— Eh bien ! dit Gontran, banco ! Il vous reste encore sept à huit cartes, allons jusqu'au bout.

— Fort bien, dit le banquier.

Il reprit les cartes et retourna la dame de cœur.

— Celle-là ne m'a jamais trahi, dit-il.

Et levant la tête vers Gontran :

— Voulez-vous ne pas continuer, je suis sûr de retourner une dame.

— Eh bien ! retournez une dame, dit l'amoureux.

Le banquier retourna un roi.

— Les rois sortent comme les reines, dit Gontran essayant une raillerie politique.

Le banquier usa toutes les cartes sans trouver ni roi ni reine. Il posa la dernière carte sur la table et respira. Les spectateurs retenaient leur souffle, chacun se regardait.

— Je parie pour le roi.

— Je parie pour la dame.

On sentait que c'était une figure. Vingt mille francs de paris couvrirent la table.

Gontran était au supplice. La sévère figure de son père passait devant ses yeux ; il n'osait plus regarder Lucie, car c'était bien elle qui le jetait dans ces anxiétés.

— C'est un beau joueur Gontran, dit Mlle Lucie à son voisin ; voyez, il n'a pas sourcillé.

Et le voisin de répondre :

— C'est que si un roi ne sort pas il aura toujours une dame pour se consoler.

Cependant on avait coupé. Le banquier reprit les cartes et retourna la dame de pique.

— Une dame! s'écria-t-on de toutes parts. Et on ajouta :

— Deux cent cinquante-six mille francs !

M. Eugène Marx prit le bouquet et le tendit à Gontran.

— Monsieur, lui dit-il, je vous donne le bouquet.

— Monsieur, dit Gontran avec quelque dédain, mais en prenant le bouquet, je vous le payerai.

— Voyons, voyons, dit la maîtresse de la maison, ces jeux-là me font peur. Taillons un « petit bac » avec modération et ne troublons plus les plaisirs du « cavalier seul ».

Gontran s'était approché du banquier.

— Monsieur, où demeurez-vous ?

M. Eugène Marx tendit sa carte.

— Eh bien ! avant midi j'irai vous porter deux cent cinquante-six mille francs.

Les femmes étaient émerveillées.

— Comme il y va, ce Gontran !

On alla féliciter Lucie, mais on alla surtout féliciter celui qui avait gagné.

— Dis donc, lui cria celle qui était de cent sous dans son jeu, tu sais que je suis de moitié ?

— Dis donc, lui dit une autre, tu sais que je t'ai porté bonheur, vois plutôt ce fétiche !

Elle lui montrait une petite main de corail.

— Et moi, dit Cora en montrant sa main.

— Dis donc, cria une quatrième, il faut que tu me saches gré de n'avoir pas fait banco moi-même.

En un mot, si M. Eugène Marx eût écouté ces demoiselles, il se fût dépouillé même de son argent de jeu.

Gontran s'approcha de Mlle Lucie.

— Viens-tu ?

— Déjà !

— Il est quatre heures.

— Non, je veux danser.

Ce fut un coup de poignard au cœur de Gontran.

— Tu veux danser !

Il lui offrit son bouquet.

— Ah ! je te remercie.

Et la comédienne regarda la queue du bouquet comme si elle dût y trouver un billet de banque, mais c'était toujours le papier primitif.

— Veux-tu danser avec moi, Gontran ?

— Non, tu sais bien que je ne danse pas, tu sais bien que j'ai perdu et qu'il me faut rentrer chez moi.

— Eh bien, adieu !

Gontran porta la main à son cœur.

— Adieu, soupira-t-il.

Lucie prit pour cavalier le premier venu et se mit à danser en toute légèreté de cœur.

Gontran ne pouvait s'arracher du salon. Il regardait Lucie avec fureur.

Elle eut quelque remords et retourna à lui sans souci de son danseur.

— Mon petit Gontran, faites une jolie mine à votre chatte blanche. Tu as été bien gentil de jouer sur mon bouquet, mais tu aurais bien mieux fait de me donner tout l'argent que tu as perdu.

Gontran, à peine adouci, s'indigna et repoussa la main de Lucie.

— Allons, allons, reprit-elle avec des yeux caressants, j'ai dit une bêtise. Tu sais bien que je t'aime. C'est beau ce que tu as fait là !

— Eh bien, viens-t'en.

— Non, puisque tu rentres chez toi. Je t'attendrai demain.

— Demain c'est aujourd'hui.

— Tu viendras à midi.

Mlle Lucie respira le bouquet en faisant une pirouette.

Gontran s'en alla vers la porte.

— Après tout, dit-il, en la voyant retourner au quadrille, pourquoi ne danserait-elle pas ?

Il l'aimait avec rage et avec douceur.

Sur le seuil de la porte, d'Aspremont tendit la main à Gontran :

— Prends garde, lui dit-il, c'est un abîme rose, mais c'est un abîme.

II.

PROFIL ET TROIS QUARTS DE MADEMOISELLE LUCIE.

Dans un coin du petit salon une décavée contait à un reporter l'histoire de Lucie.

— Vois-tu, mon cher, elle n'a pas toujours trouvé des amants qui jouaient une fortune contre un bouquet. Elle a « débuté » avec les premiers venus. Elle n'a aimé qu'une fois, mais avec toutes les herbes de la Saint-Jean. C'était un peintre, tu sais bien, le Raphaël des Madones de la Reine Blanche. Il l'a fait poser de toutes les manières, pour le corps et pour le cœur.

— Elle a donc du cœur ? demanda le reporter en jouant bien la surprise.

— Non. Elle n'en a plus : mauvaise marchandise qu'on jette à la mer pour ne pas faire naufrage. Mais si tu savais comme elle a été malheureuse.

— Malheureuse de quoi ? malheureuse de qui ?

— Son amant ne l'a aimée qu'un jour. Il jouait de ses larmes. Ce n'était pas son métier de poser ; mais dans sa jalousie, elle ne voulait pas que d'autres femmes allassent à l'atelier. Et lui pour s'amuser lui donnait le spectacle de toutes les déesses d'atelier. Et voilà !

Ces quelques mots disaient assez que Mlle Lucie n'en était pas à son premier amant.

Les femmes galantes sont comme les nations qui ont eu un grand nombre de rois, mais qui ne se souviennent que des maîtres, les seuls qu'elles aient aimés parce qu'elles les ont subis.

Mlle Lucie ne daignait même pas se souvenir de ceux qui n'avaient régné qu'un jour. Ce fut elle qui, dans les coulisses des Bouffes-Parisiens, dit un soir ce mot de caractère à un homme qui voulait trop lui rappeler leur intimité d'une heure : « Monsieur, vous m'avez payée, n'est-ce pas ? eh bien, je ne vous dois rien. »

Et elle avait raison, une femme ne doit rien à un homme s'il l'a payée. Et le payeur n'a pas le droit de se souvenir en public : là où il y a de l'argent, il n'y a pas de bonne fortune.

Mais si Mlle Lucie oubliait si bien tous les roitelets de la dynastie, elle se souvenait de vive force de celui qui avait régné sur elle par droit de conquête et par droit de tyrannie.

Voici l'histoire en quatre mots.

Lucie qui était née fière avait subi toutes les servitudes de la pauvreté. Pauvreté n'est pas vice, mais elle est souvent la mère de tous les vices.

Lucie avait passé son enfance dans un taudis avec une mère maladive et une sœur toute en Dieu qui n'était que son souffre-douleur. Elle la traitait comme une poupée qu'on caresse et qu'on bat, selon le caprice du jour. Colombe — ainsi nommée parce qu'elle était née le jour de sainte Colombe — souriait toujours, sans se plaindre jamais ; elle comprenait déjà que l'église est la maison où Dieu protége les opprimées : elle allait avec sa mère à la messe, au mois de Marie, à toutes les fêtes, heureuse comme si elle fût allée au ciel. Aussi quand Lucie voulut vivre du péché, Colombe jurait à Dieu de vivre de la vertu. Ou plutôt elle ne jurait pas, elle obéissait à son cœur.

Mlle Lucie n'avait subi la misère qu'en se révoltant sans cesse. Quand elle était enfant, elle voyait passer les autres enfants, robes de velours, chapeaux à plumes, qui allaient s'ébattre sur les promenades, tandis qu'elle, avec sa petite robe d'indienne trouée aux coudes, était condamnée à se cacher. On apportait des jouets merveilleux, des poupées qui parlaient et qui écrivaient : elle osait à peine y toucher, parce que sa mère la battait pour sa curiosité précoce. Un peu plus tard, il lui fallait aller à l'école, toujours mal habillée, courir les rues par la pluie et la neige, quand elle voyait passer les institutrices qui allaient dans la maison donner des leçons aux enfants.

Dès qu'elle eut douze ans, sa mère l'envoya dans un atelier de couturière. « Quoi ! se dit-elle bientôt, de toutes ces belles robes pas une ne sera pour moi ? » Elle travailla mal ; je crois même que dans ses moments d'orgueil et de colère elle donna quelques coups de ciseaux dans le satin ; on la renvoya à sa mère qui la conduisit dans un atelier de modiste.

Ce fut la même jalousie pour tous ces chapeaux, qui devaient faire jolies par leurs fleurs, leurs dentelles et leurs rubans, tant de bourgeoises qui n'ont que faire de leur beauté, et tant de comédiennes qui en vivent. Pas un chapeau n'était créé par toutes ces mains de fées que Lucie ne le mît sur sa tête ; aussi fut-elle surnommée Champignon. Déjà coquette comme la coquetterie, elle eût consenti à porter des chapeaux pour la montre comme un rosier porte des roses.

Un jour, ou plutôt un soir, elle était si bien habituée à essayer les chapeaux, qu'elle en laissa un sur sa tête pour s'en aller.

C'était un adorable rien, composé d'un oiseau-mouche, d'une lame de Chantilly, d'un coquelicot, d'un bleuet et d'un épi.

Le chapeau était destiné à une marquise amoureuse qui devait le mettre ce soir-là pour aller au concert des Champs-Élysées. Lucie ne s'imaginait pas que ce fût si sérieux. Elle n'était pas encore convaincue du rôle que jouent les chapeaux dans la vie des grandes dames.

Quand la marquise impatientée d'attendre envoya chercher son chapeau, on ne le trouva pas. « Oh ! mon Dieu ! dit une des demoiselles, cette petite folle de Lucie l'avait mis sur sa tête et elle l'aura gardé sans y penser. » On courut chez Lucie, mais Lucie n'était pas rentrée. Où était allée Lucie avec le chapeau de la marquise ? Chez l'amant de la marquise.

Elle croyait se relever ainsi, chapeau sur la tête, de toutes ses humiliations passées.

Comment connaissait-elle l'amant de la marquise ? Tout simplement parce qu'un jour qu'elle portait un chapeau, elle l'avait rencontré dans l'escalier. Les modistes sont d'une vertu proverbiale, mais enfin on a vu plus d'une fois la chute d'un ange.

Ce jour-là, Lucie s'était affranchie; elle avait secoué d'un pied dédaigneux tous les souvenirs de sa misère.

Mais elle n'avait pas oublié tout ce qu'elle avait souffert. L'envie, ce péché mortel, avait martelé son cœur et flétri dans leur germe presque tous les bons sentiments qui font la femme. Et ainsi elle faisait son entrée dans le monde avec je ne sais quoi de méchant et de pervers dans l'âme. Elle commençait par la vengeance, comme d'autres commencent par le sacrifice. Elle se sentait jalouse de toutes les femmes, non pas seulement parce qu'elles pouvaient lui prendre tous les hommes, mais parce que toutes avaient leur part de luxe et de bonheur, quand elle avait été si longtemps pauvre et malheureuse.

Enfin son jour était venu, non pas pourtant avec l'amant de la marquise, car il se contenta de lui donner des pendants d'oreille de soixante-quinze francs.

Le nombre de ses amants, qui pourrait le dire ?

Ne parlons que de son premier amour.

Comme elle commençait à courir les hasards de la galanterie, elle rencontra à l'Élysée-Montmartre — où elle posait parmi les dédaigneuses — un jeune peintre qui cherchait là des modèles de vertu, selon son expression.

Naturellement il enleva Mlle Lucie.

Eugène Deschamps était un de ces peintres qui ont toutes les vertus de l'artiste, moins le travail. Il avait l'œil et la main ; mais il ne faisait que des commencements. Dès qu'une toile était ébauchée, il en barbouillait une autre. Il causait trop bien de son art pour ne pas s'arrêter à mi-chemin. Peut-être avait-il un idéal trop parfait pour jamais atteindre le but. Il avait tout tenté : depuis le paysage jusqu'à l'histoire. Quand on entrait dans son atelier, on était surpris d'une si grande variété dans les tentatives. Mais dans les ébauches les plus heureuses, l'écolier trahissait le maître. On voyait tout de suite que le jeune peintre ne s'obstinait pas à la difficulté. Il était de ceux-là qui ont eu à leur berceau toutes les bonnes fées, hormis celle qui donne la Volonté.

Mais il ne fallait pas désespérer de lui. La jeunesse l'emportait à toutes les folies, il arrivait tard à l'atelier, mais peut-être briserait-il un jour avec cette vie en partie double où les plus belles heures sont données aux passions.

On lui était partout sympathique, parce qu'on reconnaissait en lui une vraie nature d'artiste. Il était d'ailleurs charmant.

Chenavard avait dit d'Eugène Deschamps : « Quand celui-là n'aura plus vingt femmes à ses trousses, il fera quelque chose avec la peinture. » Mais le jeune peintre ne prenait pas le chemin de la solitude. Sous prétexte de faire poser les femmes, il continuait à vivre comme dans un harem. Non pas qu'il fût plus dépravé qu'un autre, mais parce qu'il avait ses théories à lui ; il disait à ses camarades en leur montrant des femmes : « Voilà mes antiques. Ce ne sont pas les maîtres qu'il faut étudier, c'est la nature. »

Il n'avait pris Lucie que comme la première venue, croyant que ce serait l'affaire d'un jour, mais ce fut une passion chez lui comme chez elle, soit qu'il l'aimât par contre-coup, soit que sa figure le touchât de plus près. Lucie fut séduite dès la première heure par l'humour, l'imprévu, la désinvolture du jeune peintre. Elle se trouva chez elle dans son atelier. La veille, elle ne songeait qu'à chercher des aventures pour avoir de l'argent. Dès qu'elle fut avec Eugène Deschamps, elle se trouva riche quoiqu'elle manquât de tout, car il n'était pas homme à lui donner le superflu. — Je me trompe, il lui donnait le superflu puisqu'il lui donnait l'amour.

Elle s'imagina que cette belle existence devait durer toujours. Elle avait rêvé un huit-ressorts pour aller au Bois, des chevaux anglais, des robes taillées par Worth, des diamants à éblouir toutes ses rivales. Mais pendue au bras d'Eugène Deschamps, elle s'en allait gaiement dîner au cabaret, chez Dinochau ou ailleurs, buvant du vin d'Argenteuil avec délices, parce que l'amour répand son ivresse en toutes choses.

Le jour elle posait une heure. Le soir, elle allait avec Eugène Deschamps dans un petit théâtre ou à l'Élysée-Montmartre, cà et là à la Closerie du lilas. Elle voyait passer devant elle des filles follement entretenues sans les jalouser, sentant bien que l'amour était le millionnaire par excellence.

Lucie se trouva si bien dans l'atelier, qu'elle y fit élection de domicile. Eugène Deschamps lui révéla sa beauté, car elle ne se savait pas si belle que cela.

L'heureux temps, puisque Lucie était heureuse !

— Oh que je t'aime de m'aimer, disait-elle au peintre.

— Tu m'aimes parce que tu m'aimes, lui répondait-il.

Et on s'embrassait, et on chantait, et on s'embrassait encore, la chanson du baiser et le baiser de la chanson.

Mlle Lucie posait pour le torse et pour l'expression, le peintre ébauchait tout à la fois une Madeleine et une Diane. Lucie était fière de servir de modèle à ces deux types de la beauté.

Il faut de l'amour dans le paysage, mais il faut aussi du paysage dans l'amour. Les Parisiens les plus enracinés encadrent leur passion dans les fleurs de la serre, du balcon ou du toit. Sans parler des stations devant la cascade du bois de Boulogne ou sous les chênes de la forêt de Saint-Germain.

Il n'y avait pas de fleurs dans l'atelier d'Eugène Deschamps. Lucie y apportait tous les jours un bouquet : violettes, primevères, bleuets, roses thé, giroflées, jasmins; car on était au printemps.

Un jour qu'elle avait apporté une branche d'épine blanche, Eugène Deschamps jeta ses pinceaux et s'écria qu'il fallait courir les bois. Il était né tout près de la forêt de Compiègne. Il voulut respirer une bouffée d'air natal. Il emmena Lucie à Pierrefonds. C'était avant l'ouverture de la saison des eaux; aussi se trouvèrent-ils seuls en pleine nature, dans ces admirables paysages où il y avait de tout : la forêt, le lac, la montagne, les bocages, les gorges perdues, les ravins, le vieux château, en un mot toutes les éloquences de la nature, quand l'homme a passé par là.

Lucie se trouva plus heureuse encore qu'à Paris. Elle n'avait pas jusque-là dépassé la fête de Saint-Cloud. A Pierrefonds elle fut enivrée dans toutes les merveilles agrestes. Elle ne se levait jamais assez matin, elle ne se couchait jamais assez tard.

— Je m'étonne, disait-elle gaiement, de ne pas avoir des feuilles à mes mains et sur ma tête, tant je me sens bien plantée ici.

On s'oublia pendant six semaines dans cette savoureuse villégiature. Ce fut le zénith de la joie amoureuse.

Quand on revint à Paris, ce fut comme le réveil d'un beau rêve.

Lucie s'était imaginé que cette passion durerait toujours. Elle ne savait pas que le bonheur ne se montre çà et là que pour faire la vie plus triste, comme le feu d'artifice qui n'éclaire que la nuit.

Eugène Deschamps dit à Lucie un matin qu'il avait donné rendez-vous à un autre modèle, un peu moins maigre, car Lucie n'était pas parfaite. Elle s'indigna, elle jura qu'elle jetterait la nouvelle venue par la grande fenêtre de l'atelier, elle menaça d'aller se faire peindre ailleurs.

— Vas-y donc, dit son amant qui n'aimait pas les amours éternelles.

Lucie pleura, elle ramassa ses hardes, et fit semblant de s'en aller. C'était juste à l'heure où l'autre arrivait. Elle rentra avec elle en s'écriant.

— Je ne m'en irai pas.

L'artiste éclata de rire pour en finir avec cette scène sentimentale, mais il n'était pas au bout des larmes et des colères de Lucie. Elle tint bon et s'imposa. Elle caressa le chignon de la nouvelle venue, le chignon lui resta dans les mains, elle le jeta au nez du peintre, qui appréhenda au corps sa maîtresse.

Trois mois durant ce fut la même scène à l'atelier et ailleurs. Plus Eugène Deschamps se détachait plus Lucie s'enchaînait. Les larmes, les désespoirs, les pâleurs; vous voyez toute cette fin tragique. Lucie souffrit toutes les misères de la passion.

Elle aurait voulu s'arracher le cœur, elle aurait voulu mourir — jusqu'au jour où elle se résigna à vivre sans son cœur.

Ce jour-là, on lui avait offert de débuter dans une féerie.

Ce fut son premier pas dans sa nouvelle carrière.

— Je joue une déesse, dit-elle avec orgueil, c'est d'un bon augure. Je me vengerai en mettant tout le monde sous mes pieds.

Elle jugea que la vraie volupté était dans la trahison plutôt que dans l'amour. Faire le bonheur d'un homme quand un autre souffre, c'était désormais à ses yeux le bonheur de la femme.

Elle eut, on ne sait pas bien pourquoi, toute une série d'amoureux à ses trousses. Brisée par sa première passion elle avait le charme fatal des femmes qui ont aimé. Et puis elle était jolie à ses heures, sachant faire sa figure et parler des yeux.

Elle avait joué le tout pour le tout. Avec son premier louis elle acheta des gants et un éventail, avec le second des bottines, avec le troisième elle loua une robe, avec le quatrième elle alla au Bois, avec le cinquième elle dîna au Moulin-Rouge.

Celle-là n'avait pas les préjugés de la constance ; elle disait comme le philosophe : « Être infidèle à son amant, c'est être fidèle à l'amour. »

Si elle se mit au théâtre, elle qui avait peu d'orthographe, ce n'était pas par amour de l'art, c'est parce que tout piédestal est bon, surtout celui des planches. Quand on veut mettre la beauté en actions, le théâtre fournit beaucoup d'actionnaires.

Gontran Staller fut un actionnaire hors ligne.

Un soir qu'il ne savait que faire, il eut le malheur d'entrer aux Bouffes-Parisiens. Lucie était charmante, ce soir-là. Elle chantait faux, mais avec une si belle bouche !

Gontran savait que les coulisses des Bouffes-Parisiens ne sont pas défendues comme le jardin des Hespérides ; il avait dîné avec Offenbach qui frappa à la porte de Lucie : Frappez et on vous ouvrira. L'agneau entra dans la louveterie. Il ne trouva pas que les dents de Lucie fussent trop aiguës.

Mlle Lucie montra de la vertu. Mais à la fin du spectacle, elle lui sacrifia son amant de la veille. C'était un jeune diplomate qui lui avait envoyé son coupé avec un billet merveilleusement cacheté. Elle y monta avec Gontran en riant à belles dents. « Comme le vicomte va s'amuser ! » dit-elle entre deux éclats de rire. Et elle ajouta gravement : « Cela va me donner du cachet. »

Il y a de par le monde des femmes qui vengent ainsi toutes les autres. La comédienne avait pris irrévocablement ce rôle-là dans la vie privée. Au théâtre elle jouait tout ce qu'on voulait. Aussi disait-elle : « Au théâtre, je joue les femmes ; hors du théâtre, je joue les hommes. »

Elle avait quelques bons quarts d'heure pour Gontran parce qu'il avait une vague ressemblance avec son premier amant. « Mais ce n'est plus cela, disait-elle. Gontran est trop gentil pour que je l'aime jusqu'aux larmes. »

III.

UN PÈRE ROMAIN.

Cependant Gontran Staller était rentré chez lui en songeant au bouquet de Lucie et aux deux cent cinquante-six mille francs à payer le jour même.

Ce matin-là, le père de Gontran s'était levé à cinq heures.

Il devait partir par le premier train pour Beauvais, où il avait un procès inquiétant, procès en revendication pour une forêt : il avait payé trop vite avant le délai de purge légale entre les mains d'un galant homme, mais ce galant homme avait des enfants, et le conseil de famille était là menaçant avec ses droits absolus. Le galant homme était désolé, mais il avait payé lui-même, et sa fortune personnelle ne représentait plus un déjeuner de justice.

Il faut bien que la justice déjeune : la plus droite de toutes les femmes est celle qui mange le plus.

Gontran alla droit au cabinet de son père, sachant

bien qu'il devait partir. Il ouvrit la porte et voulut parler ; il ne trouva pas un mot.

Le père s'était retourné ; quoique la chambre fût mal éclairée par un petit chandelier à deux branches, il vit la pâleur de son fils.

— Qu'as-tu donc, Gontran ?

— Rien, mon père. Rien.

Gontran se tut.

Ses jambes flageolaient, le sang bourdonnait dans sa tête.

— Mon cher enfant, tu as tort de te coucher si tard. Soupe, danse, ris, puisque tu as vingt ans, mais dors pendant la nuit. Il n'y a que les chats qui dorment le jour ; or, je n'ai jamais vu que les chats aient fait quelque chose.

— Vous avez raison, mon père, mais vous savez, la nuit on ne regarde jamais l'heure qu'il est.

— Et on a tort. Moi, par exemple, si je n'avais pas regardé l'heure, je ne serais pas prêt à partir. Et si je manquais le train, je perdrais mon procès ; car n'oublie pas ceci : il n'y a de bons avocats que ceux qui se servent des idées de leurs clients. Adieu, mon enfant. Tu vas te coucher à l'heure où je me lève : ne prends pas cette habitude-là.

Le père se pencha pour embrasser son fils.

— Tu es malade ? lui dit-il en le voyant de plus près.

— Non, mon père.

Il y eut un silence. Le père interrogeait le fils, le fils ne savait comment se confesser : il voyait déjà cette douce et grave figure de M. Staller se rembrunir jusqu'à la douleur; il savait les inquiétudes de son père pour ce procès considérable; lui dire sa perte au jeu n'était-ce pas le décourager dans son voyage, n'était-ce pas le troubler dans sa défense ? Et pourtant il fallait bien qu'il payât avant le retour de son père !

La tragédie du jeu a l'unité de temps : on paye sa dette le jour même, puisque c'est toujours après minuit que le dernier coup se perd.

Le père embrassa son fils.

— Adieu donc ! tu embrasseras ta sœur, car je n'ai pas voulu la réveiller. Si tu reçois une dépêche ce soir, c'est que j'aurai gagné mon procès, à moins que le jugement ne soit remis à huitaine. Naturellement je ne vous enverrai pas de dépêche pour vous donner une mauvaise nouvelle.

— Une mauvaise nouvelle! murmura Gontran, j'en ai une à t'apprendre.

C'est du choc des mots que jaillissent souvent les idées; quand les actions ne font pas naître les idées, ce sont les idées qui font naître les actions.

Ce mot « mauvaise nouvelle » avait décidé Gontran à parler.

— Une mauvaise nouvelle! parle, lui dit son père,

— J'ai joué...

— Tu as joué ? Pauvre enfant !

Le père serra la main de son fils.

— Et c'est la première fois ?

— Oui, mon père.

— Eh bien! voici ma clé. La clé de ma caisse.

Gontran respira.

— Mon père, j'ai beaucoup perdu.

— Chut ! n'as-tu pas la clé ?

Eugène se jeta dans les bras de son père et éclata en sanglots.

— Écoute, dit M. Staller, je t'aime trop pour te faire de la morale. Mais n'oublie pas ceci : il y a une gravure d'Albert Durer qui représente les péchés capitaux. Sais-tu combien il y en a ?

— Sept, dit Gontran sans bien savoir ce qu'il répondait.

— Il y en a huit, parce qu'Albert Durer en a gravé un plus terrible que tous les autres, c'est le JEU!

IV.

NUIT DE FIÈVRE, JOUR DE FIÈVRE.

Gontran demanda à son père comme une faveur de l'accompagner jusqu'à la gare.

On parla politique, on parla agriculture, on ne dit plus un mot du jeu.

Gontran était si heureux qu'il voulut dire son bonheur à Mlle Lucie.

Mais était-elle rentrée chez elle?

Il ordonna au cocher de le conduire rue du Helder : c'était presque sur son chemin.

Il regarda les fenêtres, il ne vit pas de lumière.

— C'est qu'on joue et qu'on danse encore, dit-il.

Il se fit conduire chez la Roche Tarpéienne.

Il n'y avait plus guère que des blessés et des mourants sur le champ de bataille. Chacun avait fait son compte au Doit et Avoir du jeu et de l'amour.

Le jeune homme chercha des yeux avant d'interroger; il ne vit pas Mlle Lucie.

Il interrogea.

— Ta belle amie, lui dit la Rosemont, s'est envolée avec un oiseau étranger. C'était tout naturel, tu as perdu, il faut qu'elle gagne.

C'était un coup de poignard pour Gontran.

— Cela n'est pas vrai, dit-il, je suis sûr que je vais la retrouver chez elle.

Les amoureux cachent les trahisons de leur maîtresse avec la même sollicitude que s'ils leur cachaient l'épaule et le sein.

Il repassa par la rue du Helder. Pas de lumière encore. On était déjà au point du jour. Il sonna et monta chez la comédienne.

Mais là il eut beau sonner. Il redescendit furieux et désolé.

— C'est odieux! dit-il. Quand je pense que ce bouquet qui me coûte si cher, elle l'a porté chez un autre! Quand je pense que toutes mes angoisses ne sont pas allées, je ne dirai pas jusqu'à son cœur, mais jusqu'à son esprit.

Gontran Staller remonta en voiture en se disant qu'il avait assez du jeu et qu'il en avait assez de l'amour. Il se promit bien de ne plus se laisser prendre à cet enfer des cartes et des femmes.

Le cocher, impatienté d'avoir fait tant de zigzags, attendait qu'on lui dît son chemin.

— A l'hôtel! lui cria le jeune homme.

Mais à peine le cheval eut-il repris le trot matinal, c'est-à-dire le trot de grande vitesse, que Gontran se ravisa.

— Au bois de Boulogne! cria-t-il.

Il se rappelait que ces dames, les jours de grande fête nocturne, avaient la coutume d'aller boire du lait au Pré Catelan, sous prétexte de voir lever l'aurore, car elles ont gardé quelque chose des mœurs de l'âge d'or. Si elles aiment tant les bouquets, c'est par amour de la nature; les perles et les diamants ne représentent que les pleurs du matin sur les roses et les gazons; il ne manque qu'un Virgile pour ces Bucoliques du dix-neuvième siècle.

Mais si Gontran allait rencontrer sa maîtresse avec cet étranger? Eh bien! il la lui enlèverait. Quand on fait la folie de payer un bouquet deux cent cinquante-six mille francs, on peut bien faire la folie de se battre en duel.

Et pour se cacher à lui-même sa lâcheté de poursuivre une femme si indigne de son cœur, il se dit :

— Ce n'est pas elle que je veux, c'est mon bouquet.

On ne connaît pas le bois de Boulogne au lever du soleil les jours d'hiver; on n'y entend pas le solo du rossignol, ni le duo des fauvettes, ni le trio des merles. Roméo amoureux est un balayeur qui poursuit Juliette sa balayeuse sous les sapins, les seuls arbres mystérieux dans la saison des neiges. Çà et là passe une voiture stores baissés; ne pénétrons pas dans la vie privée : train de plaisir petite vitesse ; c'est un homme sérieux qui se croit en bonne fortune. Passe une voiture toutes voiles dehors ; c'est une courtisane qui a soupé et qui ne veut pas se coucher si matin. Elle traîne avec elle un amant à moitié endormi qu'elle ne connaît pas ; ils feront connaissance : dès qu'ils se connaîtront, ils s'en iront chacun de leur côté. Qui vive ? Un homme à pied qui tient une corde et qui cherche un arbre ; mais combien de fois revient-il sans avoir trouvé son arbre ? Un autre va questionner l'eau du lac : il trouve qu'elle est trop froide. Le Bois est très-gai le matin.

Cependant Gontran Staller le traversait en désespéré. Il s'arrêta à la laiterie du Pré Catelan ; il y rencontra deux amoureuses dépareillées qui trouvaient le lait amer ; elles avaient été abandonnées vers l'Arc de Triomphe par deux maris américains qui, pour leurs gens sinon pour leurs femmes, avaient voulu rentrer avant le jour.

— Vous aimez donc bien le lait ? leur dit Gontran.

— Non, répondit l'une d'elles, mais cette nuit nous avons tout perdu, même l'honneur : il ne nous reste pas de quoi déjeuner à Madrid puisqu'on ne nous croit plus sur parole.

— Est-ce que quelques-unes de ces dames sont allées déjeuner à Madrid ?

— Oui, la vôtre, avec la Tour-Prend-Garde et Trente-Six-Vertus.

— Toutes seules?

— Cette question! Elles ont chacune un homme.

Gontran Staller jugea qu'il ferait une meilleure entrée à Madrid avec deux femmes que s'il se montrait tout seul.

— Eh bien! dit-il, venez déjeuner à Madrid.

Les deux femmes se jetèrent dans ses bras.

A Madrid on fit une entrée bruyante.

Les trois comédiennes mirent du même coup la tête à la fenêtre.

— Gontran! crièrent-elles. Comment! avec des femmes?

Quoique Mlle Lucie rentrât précipitamment, Gontran avait eu le temps de voir qu'elle avait son bouquet à la main.

— Montez donc, cria Trente-Six-Vertus, quand il y en a pour six il y en a pour neuf.

— Avec des femmes comme nous, dit une des deux buveuses de lait.

— Oui, je vais monter! dit entre ses dents Gontran saisi par la colère et la jalousie.

Il monta; les deux femmes le suivirent.

Il trouva Mlle Lucie au piano.

— Vous répétez votre rôle? lui dit-il d'une voix glaciale.

— Oui, répondit-elle, tu sais bien que j'ai des airs à chanter.

— Eh bien ! ce ne sont pas ces airs-là qu'il faut chanter, vous allez descendre et revenir avec moi.

— Jamais ! Voilà un gai réveille-matin !

Gontran, saisissant Mlle Lucie, la souleva et l'emporta.

Elle cria.

Sur ce cri de l'innocence, l'étranger, qui l'avait amenée, se jeta devant Gontran.

— Monsieur, je vous défends de toucher à cette femme.

L'amoureux était exaspéré, il prit le bouquet et en donna un soufflet à l'étranger.

Quand les femmes ont faim, elles veulent arranger les affaires. Ce fut alors un touchant spectacle; elles se jetèrent toutes entre les deux rivaux, les caressant des mains, de la voix et du regard. Mlle Lucie elle-même avait une main pour l'étranger et une main pour son amant. Mais il était trop tard.

L'étranger voulait se venger du soufflet, Gontran Staller voulait tuer son rival. Comme il n'y avait là que deux témoins, il fut convenu qu'on se battrait le lendemain dans un jardin du Parc des Princes.

— Et maintenant, déjeunons ! dit l'étranger.

— Adieu ! dit Gontran en saluant tout le monde.

Il croyait cette fois que Mlle Lucie allait le suivre;

mais elle se contenta de lui dire adieu d'un petit air dégagé.

Sa lâcheté le reprit, il fit un pas vers elle.

Elle eut peur d'une scène sentimentale, elle se versa à boire.

— Adieu ! dit-elle à son tour.

Il partit.

Je crois que s'il eût eu une corde dans sa poche, aurait trouvé que tous les arbres du bois de Boulogne étaient bons pour se pendre.

Dans ces crises terribles de la jeunesse, quand on ne se tue pas on pleure.

Gontran pleura.

— Je l'aimais tant ! dit-il.

Ce qu'il y avait de plus triste, c'est qu'il l'aimait encore.

V.

DE L'ARGENT A L'AMOUR.

Quoique Gontran Staller fût tout à Lucie et à son duel, il n'oubliait pas son créancier du jeu.

Quand il fut rentré, avant de se refaire la main avec un fleuret, il entra dans le cabinet de son père avec la vague inquiétude de savoir s'il allait trouver en argent comptant les deux cent soixante mille francs. Il savait déjà que son père, souvent absent, ne quittait jamais Paris sans laisser un blanc seing de cent mille francs sur la Banque, afin que Mme Staller ne fût jamais prise au dépourvu. Il ouvrit la caisse, surnommée dans la maison l'armoire aux bijoux; ce n'était pas l'horrible caisse de fer bronzé qui dégoûterait presque de l'or; celle-ci était revêtue de bois d'ébène travaillé dans le style grec avec des griffes de lion en argent. La serrure était à secret, mais il savait le secret comme le savait sa mère. Quand il eut ouvert la porte, son regard rencontra la figure de son père. C'était une petite photographie jetée là par mégarde, qui à tout autre moment n'eût pas arrêté ses yeux; il la prit, il la baisa, il se mit à la fenêtre pour la mieux voir.

Il était habitué depuis son enfance à considérer son père comme une figure sévère qui cachait son cœur; il éprouvait devant lui je ne sais quel respect mêlé de crainte, il lui semblait que M. Staller ne le regardait jamais que comme une conscience rigide qui a toujours quelque chose à reprocher. Beaucoup d'enfants sont ainsi, ils ont peur de leur père et n'osent le désarmer par l'expansion. C'est qu'ils ne le connaissent point. Ils s'effrayent volontiers de cette magistrature toute de bonté et d'indulgence qui pardonne toujours. Ils s'imaginent que ce tribunal de première instance et d'appel est institué par Dieu pour ne pas rendre la justice : or, si le père est injuste, c'est parce qu'il ne condamne jamais.

La photographie de M. Staller fut pour son fils une révélation. Il lui trouva une expression de bonté profonde qu'il n'avait pas vue jusque-là. Aussi ne put-il s'empêcher de dire :

— A qui pensait donc mon père ?

Eh mon Dieu! il pensait à son fils. Il pensait qu'il était beau, qu'il était intelligent, qu'il aurait les mâles vertus de sa famille, qu'il porterait sans faste, mais non sans orgueil, ce nom de Staller qui était déjà un héritage. Toute la noblesse n'est pas inscrite à la salle des Croisades. La famille Staller a eu deux des siens tués aux grandes batailles de 1793, — quand la patrie était en danger, — deux morts spartiates. — Un Staller a défriché une terre inféconde, aujourd'hui toute couverte de moissons ; un autre a créé une des plus belles colonies africaines. Les Staller ne méritaient pas la croix comme ce personnage de comédie, parce qu'ils avaient fait leur fortune, mais ils la méritaient tous, parce qu'ils avaient fait la fortune publique.

M. Staller, dernier du nom avant son fils, pouvait dire comme Montesquieu : « Je suis un bon citoyen, mais dans quelque pays que je fusse né, je l'aurais été tout de même, je n'ai pas aimé à faire ma fortune par le moyen de la cour, j'ai songé à la faire en faisant valoir ma terre pour tenir ma fortune immédiatement de la main de Dieu. »

Gontran retourna à l'armoire, aux bijoux ; il trouva dans le tiroir le fameux bon sur la Banque qui était bien de cent mille francs, il trouva encore cent mille francs en billets roses de cinq mille francs, mais ce fut tout. Il y avait bien encore quelques poignées d'or et quelques étuis de mille francs, mais le jeune homme vit bien qu'il ne trouverait pas le surplus de sa dette.

Comment ferait-il, lui qui était fier ?

Il se résigna à ne porter que deux cent mille francs. Après tout, c'était déjà bien beau ; son créancier sans doute mettrait toute la bonne grâce possible à attendre pour les cinquante-six mille francs; peut-être même se contenterait-il d'un engagement à longue échéance qui permettrait au fils de ne pas demander d'argent au père.

Il était midi quand Gontran porta les deux cent mille francs au banquier. Il le trouva au lit.

— C'est la première fois, dit-il, que l'argent me vient en dormant.

— Je ne vous apporte que deux cent mille francs.

— Je suis bon prince, vous m'apporterez le surplus ces jours-ci.

— Je voulais vous demander un délai plus éloigné.

— Mon cher, vous savez, l'argent du jeu c'est de l'argent comptant, j'ai beaucoup perdu moi-même cet hiver.

Gontran savait bien qu'il n'y avait pas là un mot de vrai. Le banquier voulait faire une opération de bourse avec cet argent : il lui fallait jusqu'au dernier billet de mille francs, jusqu'au dernier soldat pour cette bataille. Gontran ne put réprimer sa fierté.

— Eh bien ! monsieur, vous aurez vos cinquante-six mille francs aujourd'hui.

Le banquier daigna prier Gontran de déjeuner avec lui ; le jeune homme refusa d'un air hautain. Comme l'autre insistait :

— J'ai un duel, dit-il, je vais chez mes témoins.

— Mais je veux être un de vos témoins, moi !

Gontran laissa tomber sur le banquier un regard glacial.

— Non, lui dit-il, vous auriez l'inquiétude de vos cinquante-six mille francs, vous empêcheriez le combat.

Il salua et s'éloigna sans vouloir retourner la tête, malgré l'insistance du banquier.

Il alla boulevard Malesherbes, chez le comte d'Aspremont, la meilleure lame de Paris. Comme le comte était très-brave, il lui représenta qu'il était absurde de se battre pour de semblables billevesées.

— Tu es donc bien amoureux de cette jeune coquine ? Ah ! si c'était sa sœur !

Gontran aimait trop la comédienne pour ne pas la défendre même après toutes ses frasques.

— Pas si coquine que cela. Elle fait comme toutes les femmes ! Quand le vin de Champagne lui monte à la tête, elle ne sait plus ce qu'elle fait.

— Crois-moi, elle sait toujours ce qu'elle fait. Tu as pris avec elle le rôle de chien couchant qui se traîne à ses pieds, elle te fera aller à quatre pattes jusqu'au bout du monde.

Gontran pensa que c'était vrai, mais il ne l'avoua pas à son ami.

Gontran et d'Aspremont s'étaient connus à la salle d'armes. Quoique le comte d'Aspremont appartînt à la haute jeunesse, il s'était pris d'amitié pour Gontran, qui n'avait pourtant que ses petites entrées dans le monde de ces messieurs. Comme il avait de l'esprit, beaucoup de distinction, encore plus d'argent, on pardonnait à ces dames de l'inviter à leurs fêtes. D'Aspremont qui, entre autres travers, avait celui de prêcher, parla ce jour-là fraternellement à Gontran : il lui représenta qu'on n'a pas le droit de donner à ces drôlesses la meilleure part de son cœur et de sa vie. Mais Gontran, trop aveuglé par sa passion, demanda au comte s'il s'appelait Tiberge.

— Oui, Tiberge, si tu veux. Et prends garde à Des Grieux !

On déjeuna après avoir écrit au deuxième témoin, un journaliste, de venir boulevard Malesherbes.

Les témoins de l'adversaire, à qui Gontran avait déjà donné le nom des siens, envoyèrent un mot pour demander que le duel fût remis deux heures plus tard le lendemain, parce que le Polonais, étant soûl comme un Polonais, il lui serait impossible de faire bonne figure si matin.

VI.

UNE FILLE A MARIER.

Gontran ne rentra à l'hôtel qu'à l'heure du dîner, après avoir, sans presque se l'avouer à lui-même, frappé à la porte de Lucie, toujours absente.

Il fit beaucoup de caresses à sa mère et à sa sœur. Il devait les accompagner le soir aux Champs-Élysées, chez la comtesse de Lannoy, qui donnait une petite fête musicale.

Gontran n'aimait la musique que dans les coulisses des Bouffes-Parisiens, mais enfin, puisque sa beauté ne chantait pas ce soir-là, il voulait bien se résigner à en entendre chanter d'autres.

Pendant le dîner, il s'aperçut, quoique très-préoccupé de sa passion, sinon de son duel, sinon de sa dette de jeu, que sa mère et sa sœur le regardaient en chuchotant et en riant. Il ne comprenait pas ; il les interrogeait ; mais elles se turent.

Au dessert, pourtant, comme il questionnait pour la dixième fois, sa mère lui répondit :

— Tu regarderas bien ce soir. Parmi les sept ou huit jeunes filles qui chanteront ou qui écouteront chez la comtesse, il y en a une qui est amoureuse de toi.

— Amoureuse de moi ?

Puisque Lucie l'aimait si peu, quand il l'adorait, comment une autre, qu'il n'avait sans doute qu'entrevue, pouvait-elle l'aimer ?

— Oui, amoureuse de toi, mon cher ! Mais chez les jeunes filles bien élevées, l'amour se cache. Cherche bien, tu me diras si tu la trouves.

On s'habilla beau et on alla aux Champs-Élysées.

Il y avait quelque temps déjà que l'amant de la comédienne avait refusé d'aller dans le monde ; il trouvait cela ennuyeux, disant que toutes ces jeunes filles, qui forment l'escadron volant de la vertu parisienne, ne sont que des pensionnaires à déniaiser, des poupées qui parlent, mais qui ne disent que papa et maman. Il ne savait pas qu'il y a là de vraies découvertes à faire, des trésors d'imprévu pour quiconque ose faire des fouilles. C'est l'histoire des montagnes d'or ; à la surface, c'est toujours le même aspect, mais pour celui qui pénètre jusqu'au cœur, la mine se révèle.

A son entrée, on avait déjà préludé. Une jeune fille était au piano.

— Ce n'est pas celle-là, dit Gontran à sa sœur.

— Pourquoi ?

— Parce qu'une femme qui joue si bien du piano n'est amoureuse que du bruit qu'elle fait.

Après un solo sur des motifs de *la Somnambule*, on eut un duo de piano et harpe. Une autre jeune fille s'empara des touches d'ivoire et y promena de grandes mains, de vrais faucheux, tout en penchant la tête sous ses cheveux en saule pleureur.

— C'est peut-être celle-là ? dit la sœur.

— Non, celle-là joue pour les absents.

La jeune fille qui s'était assise devant la harpe était fort belle avec sa coiffure à la Tallien, ses bras qui semblaient nourris de roses-thé, ses épaules somptueuses quoique très-jeunes. Il y avait peut-être en elle trop de l'amazone.

C'était Mlle de Marcy, une jeune amie de la duchesse de Montefalcone.

Sa mère, une femme romanesque qui avait habité l'Italie pendant longtemps, était revenue vivre à Paris avec sa fille après la mort de son mari.

— C'est celle-là, dit la sœur.

— Celle-là ! s'écria Gontran ; Dieu merci, il faudrait se mettre à deux pour l'aimer. Vois donc quelle opulence de corsage !

Je ne sais pas si cette fille était passionnée ailleurs, mais elle saisit sa harpe avec amour. Ce fut un beau spectacle de la voir jouer des mains et des pieds comme si l'inspiration la transportât. Le vif éclat de ses yeux éclairait toute sa figure d'un rayonnement inaccoutumé. Elle était vêtue d'une robe de linon, comme les thermidoriennes ; cette robe, qui enserrait à peine le corsage, n'était retenue à l'épaule que par deux doigts d'étoffe. A chaque mouvement du bras nu, il semblait que le bras, plus nu encore, dût faire rompre le linon. Le sein s'agitait et frémissait.

Gontran Staller regardait avec émotion les pieds chaussés de satin blanc qui touchaient les pédales avec une coquetterie adorable ; c'était des pieds intelligents comme des mains ; on se demandait comment ce corps robuste était porté par de si jolis pieds. Tout le corps se dessinait dans les mouvements du jeu. La harpe accusait les jambes en coupant la robe. C'était une belle harpe à tête de cygne dorée et émaillée, du plus pur style Louis XVI. Elle vibrait, elle parlait, elle s'animait. La tête de cygne faisait songer à la fable de Jupiter et de Léda.

— N'est-ce pas, qu'elle est jolie ? reprit Mlle Staller en regardant son frère.

— Oui, mais ce n'est pas celle-là qui est amoureuse de moi. Tu ne vois pas comme elle aime sa harpe ? C'est effrayant.

Ce fut le tour des chanteuses.

Vint une jeune fille les yeux baissés, qui baragouina de l'italien sur je ne sais quelle musique ; la mère avait préparé son triomphe en annonçant que sa fille prenait des leçons à vingt francs le cachet.

3.

— Celle-là, dit Gontran, n'est pas encore sevrée. Ce n'est pas moi qui boirai la dernière goutte de lait qu'elle a sur les lèvres.

Une chanteuse de romance fit éclater sa belle voix et ses beaux sentiments.

— J'ai trouvé! dit tout à coup Gontran ; c'est cette jeune fille qui est là-bas toute seule sur le canapé ; celle-là ne chante pas et ne pianotte pas, elle me semble bien plus éloquente que les autres. C'est surtout chez les femmes que le silence est d'or.

— Eh bien! veux-tu que je te présente à cette belle solitaire?

— Non, car elle parlerait, et tout serait perdu.

— Mon frère, tu es fou, il n'y a rien à faire de toi. Je t'avertis, d'ailleurs, que tu n'as pas encore trouvé.

A cet instant la joueuse de harpe passait pour aller prendre sa musique. Gontran se leva comme malgré lui et lui dit que pour la première fois de sa vie il venait de comprendre la harpe.

— Eh bien, monsieur, vous êtes plus avancé que moi. Ma mère m'a mise à la torture devant cette machine démodée sous prétexte que sa mère avait émerveillé Napoléon Ier, qui n'aimait que deux sortes de musique, celle de la harpe, mais surtout celle du canon.

— Mais, mademoiselle, comment faites-vous pour jouer avec tant de passion ?

Une émotion subite passa sur la figure de la jeune fille.

— Tout le monde me dit cela aujourd'hui ; je ne sais que répondre, si ce n'est que je pense à toute autre chose.

Une étincelle électrique traversa l'âme de Gontran comme un éclair.

— C'est elle !

Cette fois, il avait enfin trouvé.

— Quel bonheur, pensa-t-il, si j'allais devenir amoureux plus sérieusement ! Je m'arracherais tout vivant de cette passion mortelle qui me cloue dans les bras de Lucie.

La harpiste s'était assise à côté de Mlle Staller. Il traîna un fauteuil devant leur divan ; il lui parut doux de passer une dernière heure dans ce tête-à-tête, car sa sœur n'était qu'un autre lui-même. Comme il était surexcité par toutes les fièvres, il fut éloquent, il parla de tout avec cette voix caressante qui met de l'amour dans tout. Mlle de Marcy trouvait que c'était la vraie musique. Le concert continuait, mais elle n'entendait plus que la parole de Gontran Staller.

Mlle Julia de Marcy était une des cinquante jeunes filles dotées d'or et de beauté pour lesquelles les jeunes gens à marier risquent tous les steeple-chases. Elle jouait de la harpe, mais ce n'est pas un défaut capital : elle pouvait s'en corriger. Elle avait quelque peu l'envergure des amazones, mais Gontran se rappela le *Chaperon rouge*. « Ma mère grand, comme vous avez de grands bras ! — C'est pour mieux t'embrasser, mon enfant. » Quoiqu'elle fût sentimentale, elle avait de l'humour dans l'esprit, ce qui mettait un grain de sel sur le sentiment. La vraie Parisienne est ainsi faite.

Gontran Staller oublia les heures. La maîtresse de la maison vint lui dire que le souper était servi et qu'il lui fallait donner le bras à Mlle de Marcy. Il se leva comme s'il sortait d'un rêve.

— Il est déjà deux heures ! dit-on autour de lui.
— Deux heures ! s'écria-t-il.

Au lieu de donner le bras à Mlle de Marcy, il donna le bras à son chapeau et disparut dans le tohu-bohu de la course au souper.

L'image de Lucie lui était revenue plus impérieuse que jamais.

Quand il fut dans l'escalier, il pensa que peut-être il ne la trouverait plus chez elle.

— Si j'avais du cœur, dit-il, je remonterais là-haut.

Il ne remonta pas parce qu'il avait trop de cœur.

VII.

MADEMOISELLE LUCIE ÉCLATE EN SANGLOTS.

Rue du Helder, dans la maison de Mlle Lucie, tout le monde dormait. Gontran sonna trois fois à la porte cochère. Il faillit se rompre le cou dans l'escalier, impatient d'arriver plus tôt. Il sonna aussi trois fois chez sa maîtresse; la femme de chambre, très-court vêtue, lui ouvrit enfin la porte.

— Elle est là ? dit-il en passant.

— Oh ! ma foi, monsieur, je n'en sais plus rien, madame est rentrée et sortie tant de fois ! Il paraît, d'ailleurs, que le vin est bon à Madrid, car madame y voyait double; elle m'a donné un louis en me disant : « Voilà deux louis. » Elle m'a dit aussi que ses deux amoureux devaient se battre en duel. Elle répétait en se couchant deux rôles à la fois.

Gontran n'écoutait pas cette fille, il était déjà dans la chambre de la comédienne.

Mlle Lucie dormait profondément avec quatre

bougies allumées. Elle avait voulu illuminer pour sa rentrée. Quand on se déshabille, il faut bien y voir. Aussi, il y avait une bottine sur le lit, une sur le canapé, une jarretière dans l'âtre, un bas sur la pendule. La robe, tachée de café, gisait sur le tapis. Les caps étaient devenus des golfes. A cela près, tout était dans l'ordre le plus parfait.

L'amoureux passa sans respect sur cette robe flétrie et fripée.

Il s'approcha du lit et regarda dormir l'échappée de l'orgie.

Elle était à demi découverte, bravant l'hiver sous une chemise de batiste qui eût passé par chacune des bagues qu'elle avait au doigt.

Elle vivait dans le luxe effréné de l'argent comptant, des dettes partout, pas de linge dans ses armoires, mais des chevaux dans ses écuries, mais une argenterie à son chiffre, mais des robes de toutes les couleurs, sans compter qu'elle aurait pu s'habiller avec des factures à payer. En un mot, ce beau désordre qui est la ruine dans l'abondance.

La chambre à coucher était tendue de damas bleu, avec des rideaux bleus et un ciel bleu où Ziem avait peint une hirondelle pour porter bonheur au logis. Au milieu de la chambre, un lit bleu capitonné ; tout était bleu chez Lucie ; le bleu, c'est le pays des anges : Lucie était un ange.

Un ange, mais un ange du bon Dieu semblait

veiller sur cette fille perdue : c'était un portrait de Colombe, la sœur de Lucie, accroché entre le lit et la cheminée. Lucie avait beau se moquer de Colombe, elle la respectait et la regardait comme un talisman. L'or, c'est la force brutale ; la vertu, c'est la force divine.

Gontran se pencha pour embrasser la comédienne. Elle entr'ouvrit ses yeux bleus et lui dit de l'air du monde le plus bleu :

— Ah ! c'est toi !

— T'imaginais-tu que ce fût un autre ?

La comédienne passa ses mains sur son front comme pour rappeler ses esprits.

— Un autre ? ah bien, oui ! Il dort sur une table à la Maison d'Or, entre une bouteille d'eau-de-vie et une bouteille de vin de Champagne ; mais rassure-toi, les deux bouteilles sont vides ; aussi, ton duel ne m'inquiète pas.

Gontran s'assit sur le lit et prit la main de sa maîtresse.

— Pendant le duel, ce n'est donc pas pour lui que tu brûleras un cierge ?

— Lui ! je ne le connais plus.

Gontran hasarda cette question d'un cœur malade :

— Pourquoi l'as-tu connu ?

— Pourquoi ? Est-ce que tu me fais mes comptes de cuisinière ?

— Tais-toi ! s'écria l'amoureux avec fureur. Comment, à l'heure même où je perds deux cent cinquante-six mille francs pour racheter ton bouquet, tu te jettes dans les bras d'un autre pour équilibrer ton livre de cuisine ?

— Je n'y avais pas songé, dit naïvement Lucie, ou plutôt il me semblait que ce n'était pas le moment de te parler d'argent.

— Tiens ! j'ai pitié de toi, car si tu savais ce que tu dis, je te briserais la tête. Quoi ! à l'heure où je suis frappé par ce désastre du jeu, à l'heure où je cherche un cœur qui me console, tu me donnes un coup de poignard pour m'achever ?

— Est-ce que tu es venu ici pour me faire du chagrin ?

— Non, je suis venu parce que je t'aime.

— Et moi, est-ce que je ne t'aime pas ?

— Tu oses dire cela après toute une journée de trahison ?

— Dans ces fêtes de nuit, est-ce qu'on est maîtresse de soi ?

— Parce qu'on est maîtresse des autres.

— C'est pour me faire ces compliments que tu m'as réveillée ? Tu devrais savoir que j'ai demain une première représentation.

— Ne sais-tu pas que j'ai demain un duel ? sans cela je ne serais pas venu.

— Je ne comprends pas.

— Comment ! tu ne comprends pas que je suis venu te dire adieu ?

La comédienne sortit de sa torpeur. Son amant pouvait être tué ; elle se souleva pour le prendre dans ses bras.

— Je ne veux pas que tu te battes.

— Allons, tu sais bien qu'on ne peut pas arranger cela.

— Pourquoi aussi es-tu venu me trouver à Madrid, avec ces deux filles ?

— Avec ces deux filles ! je ne les connais pas. Tu sais bien que si je suis allé à Madrid, c'est pour t'arracher à ton infamie.

Et Gontran Staller rejeta sur l'oreiller Mlle Lucie.

— Il fallait donc commencer par me dire qu'il te fallait une Lucrèce ! Quand je trompais le duc de Montefalcone avec toi, tu n'étais pas si dramatique.

Gontran descendait de plus en plus dans sa douleur. Il n'osait interroger Lucie, mais il voulait savoir ce qui s'était passé depuis le soufflet donné avec le bouquet.

— Comment, lui dit-il, n'as-tu pas quitté cet homme quand je l'ai eu soufffleté ?

— Parce qu'il ne méritait pas un soufflet pour m'avoir offert son cœur.

— Son cœur ! sa bourse, tu veux dire ?

— Aimerais-tu mieux que ce fût une affaire de cœur qu'une affaire d'argent?

— Tais-toi! c'était une affaire de plaisir, car tu ne me feras pas croire que tu pensais à tes comptes de cuisinière au milieu de ce bal. Tu m'as trompé par habitude et par désœuvrement. J'avais perdu, je n'étais plus bon à rien, tu te jetais dans les bras du premier venu. C'est une infamie!

— Mon cher, tout cela, c'est du répertoire de l'Ambigu : moi je joue aux Bouffes-Parisiens ; si tu veux continuer à jouer les rôles de Castellano, va-t'en les jouer ailleurs.

Le malheureux n'était pas encore assez renseigné. Quoiqu'il eût honte de sa lâcheté, il ne pouvait la vaincre.

— Quoi! lui dit-il, vous avez passé votre journée à Madrid à filer le parfait amour?

Gontran souligna douloureusement ce mot « parfait amour. »

— Qui t'a dit cela? nous sommes revenus à Paris.

— Où, à Paris?

— Cela ne te regarde pas.

Gontran Staller releva la tête avec quelque dignité.

— Tu me fais horreur! cria-t-il à Lucie. Si cet homme est venu chez toi, je ne te reverrai jamais.

Était-ce un jeu de comédienne ou un cri de repentir? Mlle Lucie éclata en sanglots et montra à son amant le trop fameux bouquet qu'elle venait de retrouver sur son lit.

Certes le bouquet était là par hasard. Mais sans doute Gontran Staller s'imagina qu'elle l'avait pris sous son oreiller, car il revint vers elle tout adouci, en lui disant :

— Tu m'aimes donc encore ?

— Si je t'aime !

La comédienne, tout échevelé, se leva comme une folle et courut fermer le verrou de sa chambre.

Honni soit qui mal y pense, car Mlle Lucie venait de se rappeler que l'étranger devait venir lui dire adieu avant le duel.

Tout heureux qu'il fût d'être ainsi enfermé avec Lucie, Gontran eut un vague désir de s'en aller. Mais c'était plutôt son âme qui rouvrait ses ailes. Il voyait se dessiner à la table du souper de la comtesse de Lannoy les figures bien-aimées de sa sœur et de sa mère. Mlle de Marcy elle-même marquait dans son esprit sa belle et souriante expression toute de jeunesse et de vertu.

En toute action de la vie le corps et l'âme ont leurs combats. Nous sommes comme ce voyageur des contes allemands, qui a, pour traîner sa voiture, le cheval noir d'un démon et le cheval blanc d'un ange ; il ne peut jamais les mettre au même pas : quand l'un se tempère, l'autre prend le mors aux dents, jusqu'à l'heure où le cheval du diable entraîne le voyageur dans un précipice : la bouche de l'enfer ou le cœur d'une femme.

Mlle Lucie était un joli précipice avec ses grands yeux profonds comme la mer, ses cheveux en rébellion, son sourire lascif. Elle avait le démon ; selon l'expression consacrée aujourd'hui, les lexicographes diraient : « Elle avait du chien. » Elle était tour à tour rieuse, mutine, colère, mais toujours toute à sa coquetterie ; elle voulait que tout le monde l'aimât ; aussi était-elle coquette jusqu'à la cruauté. Sa suprême volupté, c'était de voir pleurer. Elle blessait les cœurs avec un doux tressaillement, comme un jaloux qui donne un coup de poignard. En frappant, il lui semblait qu'elle frappait toujours un ennemi.

C'est que Lucie avait commencé par l'humiliation et par l'amour trahi.

De loin en loin elle rencontrait Eugène Deschamps. Elle lui donnait la main d'un air dégagé, mais elle pâlissait et chancelait au souvenir du temps passé.

VIII.

LA PLUIE D'OR.

Quand le jour commença à poindre, Gontran dit adieu à Lucie.

— Ne te fais pas tuer, j'en mourrais de chagrin.

— Jure-moi que si je suis tué tu ne reverras jamais ce Locinski que j'ai souffleté.

— Si tu meurs, je me ferai enterrer avec toi.

Gontran, attendri par cette parole, ou par le danger qu'il courait, eut une expansion de sentiment.

— Vois-tu, lui dit-il, je mourrai content, car je t'ai retrouvée telle que je t'aimais. Songe donc un peu à mon chagrin d'hier. Après ce jeu absurde, je venais pour te dire toute la bonté de mon père, je venais fondre mon cœur dans le tien, mais je ne t'ai pas trouvée.

— C'est que j'avais du chagrin. Que veux-tu? quand j'ai envie de pleurer, je chante ou je danse. Ce Locinski valse comme un Allemand qu'il est;

c'est merveilleux. Quand on a valsé toute la nuit, on n'a pas envie de dormir, voilà pourquoi nous sommes allés au Bois.

— Ne parlons plus de cela.

— Et ce qui m'aurait empêchée de dormir, c'est ta folie. Quand on songe que tu as perdu en une demi-heure de quoi me faire riche!

— Cela se retrouvera.

— Oh oui! cela se retrouvera. Je te réponds que le sieur Eugène Marx ne portera pas en paradis tes deux cent cinquante-six mille francs. Je lui ai déjà écrit, il viendra dîner avec moi.

Gontran rejeta sur le lit la main de Lucie.

— Quoi! tu as écrit à cet animal?

Gontran avait repris toute son indignation.

— Je te trouve beau, toi! Je prends mon bien où je le trouve. C'est par respect de toi-même que je ne suis pas partie cette nuit avec lui, car il trouvait tout naturel de t'avoir tout gagné. « Qu'est-ce que cela fait, me disait-il, puisque je lui ai rendu le bouquet? »

— Ces abominables roses fanées et profanées! s'écria Gontran.

Il les jeta à terre et les piétina.

Ce que voyant, Lucie lui dit de l'air du monde le plus calme :

— Eh bien, je te remercie, c'est tout ce qui me reste.

Gontran eut honte de Lucie et de lui-même. Il prit dans la poche de son gilet vingt-cinq louis, les jeta à la comédienne et s'en alla sans retourner la tête.

Oh! lâcheté du cœur! Quand il fut dans la rue, il regarda à la fenêtre. Je ne sais pas si Mlle Lucie comptait les louis, mais elle n'avait pas ouvert la croisée.

IX.

LA FAMILLE.

Quand Gontran arriva au Parc des Princes pour se battre, il était redevenu un homme. Il prit l'épée en se disant :

— Si je meurs, c'est bien ; si je vis, c'est bien. Mais je jure devant Dieu de ne plus retomber dans cet enfer.

Les rivaux se blessèrent tous les deux. Gontran ne fut atteint qu'au bras ; le comte polonais reçut une blessure plus grave ; l'épée de son adversaire entra de deux mains dans le flanc.

Quand Gontran rentra chez lui, le bras en écharpe, il trouva sa mère toute en larmes.

— Ce n'est rien, lui dit-il, une égratignure.

— Quoi ! un nouveau malheur ? dit la mère.

Elle pleurait parce que M. Staller venait d'arriver malade, après la perte de son procès.

C'en était fait : les oiseaux noirs étaient venus s'abattre sur la maison.

Gontran voulut consoler sa mère avant d'embrasser son père.

— Maman, je te jure que ce n'est plus moi qui te ferai du chagrin ; je te demande pardon de toutes mes folies. Rassure-toi, j'en ai fini avec cette vie à la mode.

M. Staller avait assisté stoïquement à tout ce procès qui pouvait fortement ébrécher sa fortune. Au prononcé du jugement, il n'avait pas sourcillé, mais une fois rentré à l'hôtellerie, il avait été frappé d'un coup de sang. Il était revenu à lui, mais sans reprendre ses forces ; il avait voulu revenir tout de suite à Paris.

Ce fut un désespoir pour sa femme et sa fille quand ses domestiques l'apportèrent chez lui pâle et défait comme s'il eût subi une longue maladie.

— Il ne faut pas dire à ton père que tu t'es battu, dit la mère. Je dirai que tu es tombé hier, en nous accompagnant, dans l'escalier de la comtesse de Lannoy. Va bien vite l'embrasser et ne lui dis pas que je pleure.

Gontran sentit une grande douleur. Il pensa qu'il avait donné le premier coup à son père.

Aussi éclata-t-il en sanglots quand il l'embrassa.

— Je ne suis pas si malade que cela, dit M. Staller. Tu sais d'ailleurs que la mort donne trois avertissements ; ce n'est que le premier. Si je suis sage, il me reste trois ans à vivre.

M. Staller ne mourut pas, mais ne reprit pas racine. La séve ne remonta pas dans cette forte santé branchue et noueuse comme le chêne des montagnes. Le vent de la mort avait frappé les feuilles, la paralysie atteignit les plus belles branches. Horrible préface du tombeau ! On ne retrouve que la moitié de soi-même, les hypothèques de la mort enchaînent et ruinent le reste.

C'était l'heure du déjeuner, on se mit tristement à table ; on parla pourtant de la fête de la veille.

— Je comprends enfin, dit Mlle Staller à son frère, pourquoi tu as quitté Mlle de Marcy à l'heure du souper : c'était ton duel !

— Oui, c'était mon duel.

Gontran pensa à Lucie, mais repoussa cette image aussitôt.

— T'es-tu bien amusée ? demanda-t-il à sa sœur.

— Oui, tu sais, moi, je m'amuse toujours de tous ces chercheurs d'or qui sont à mes trousses. Depuis qu'on sait que mon père me donne un million, les adorateurs sortent de dessous terre. Mais, malheureusement pour moi, c'est un jeu d'esprit.

— Je comprends, tu aimerais mieux t'amuser par le cœur. Mais après tout, ce n'est pas une raison parce qu'on est riche pour n'être pas aimée.

— Et puis, dit tristement la mère qui était une femme d'esprit, si on se corrige tous les jours du défaut d'être jeune, il arrive trop souvent qu'on est corrigé du défaut d'être riche. Le million que ton père songeait à te donner avant son procès, où le trouvera-t-il maintenant ?

Le valet de chambre annonça à cet instant un Auvergnat qui ne voulait remettre une lettre qu'avec un reçu.

— C'est peut-être la fortune qui revient, dit Gontran en essayant de sourire. — C'est donc une lettre chargée ? — Apportez-moi cela.

Le valet de chambre reparut, apportant la lettre sur un plat d'argent. Gontran signa un reçu. Il reconnut l'écriture de Lucie.

Mlle Staller, qui lisait sur sa figure, n'osa le questionner, mais Mme Staller lui dit brusquement :

— Qu'est-ce donc que cela ?

Gontran était un cœur droit, pas du tout familier au mensonge ; aussi il eut toutes les peines du monde à répondre :

— Ce n'est rien, ma mère ; la lettre d'un ami qui a perdu au jeu.

— Tu joues donc ?

Cette question rejeta l'esprit de Gontran dans toutes les angoisses de l'avant-dernière nuit.

— Oh ! mon Dieu ! pensa-t-il, j'allais oublier les cinquante-six mille francs.

Le premier mensonge le poussa naturellement à un second ; il répondit à sa mère :

— Non, je ne joue pas.

Mme Staller était fort inquiète depuis quelque temps des absences de son fils. Même quand il était devant elle, elle voyait bien que l'enfant n'appartenait plus à la mère ; elle jugeait qu'une femme le lui avait pris cœur et tête. Elle ne se trompait pas en pensant que cette lettre renfermait le secret de cet amour. Mais pourquoi y avait-il de l'or dans cette lettre ?

— Montre-moi cette lettre, Gontran.

— Qu'est-ce que tu y verras ? des folies de jeunesse !

— Ce n'est donc pas une dette de jeu.

— A quoi bon t'initier à tout cela ? Il y a là une histoire que je ne puis te dire, ce n'est pas mon secret.

— C'est bien, dit la mère ; quand bien même ce serait ton secret, cela ne me regarde pas. Lis ta lettre pour toi seul.

Gontran lui-même ne devinait pas pourquoi il y avait de l'or dans cette lettre, mais il ne voulut pas l'ouvrir devant sa mère et devant sa sœur. Il la mit dans sa poche comme si le parfum qu'elle exhalait empoisonnât le sanctuaire de la famille.

Il avait hâte de monter à sa chambre. Quand il fut seul, il brisa les cinq cachets, car Mlle Lucie s'était amusée — elle s'amusait toujours — à mettre cinq cachets, comme si la lettre dût être remise à la poste.

Quelles étaient les armes de Mlle Lucie ? C'était Vénus sortant des flots. Elle cachetait ses lettres avec une pierre antique ; elle avait appris l'antiquité dans les opéras d'Offenbach.

Vingt-cinq louis tombèrent dans la main de Gontran ; il n'y avait pas autre chose dans la lettre. Il déchira l'enveloppe, il regarda bien ; pas un mot.

Enfin il comprit. C'étaient les vingt-cinq louis qu'il avait jetés à Lucie pour lui jeter son mépris.

— Encore, dit-il, si je pouvais payer avec cela mes cinquante-six mille francs !

Malgré lui il pensa à la comédienne ; il éprouva quelque joie à se dire que tout n'était pas perdu dans ce cœur pervers. Elle s'était révoltée de son mépris. En lui renvoyant cet or avec son silence, elle reprenait quelque dignité dans son infamie.

Il tomba peu à peu dans ce sentimentalisme maladif où l'homme se complaît à relever les femmes de leur chute.

Avec un peu de bonne volonté, il ne lui semblait pas impossible qu'on retrouvât encore quelque vertu dans cette âme troublée, comme on retrouve le ciel dans les torrents impurs.

Il sortit, ne sachant pas bien où il allait. Un peu plus, il passait rue du Helder. Il est vrai qu'il lui fallait tenter une démarche non loin de là, rue de la Victoire, chez un de ses amis, — ami de cigares et de coulisses — qui vivait luxueusement dans les mauvaises affaires.

— Il faut que tu me trouves soixante mille francs avant une heure, lui dit-il.

— Ah! mon cher, la Bourse a été mauvaise; j'en sors, c'était effrayant. Soixante mille francs ne se trouvent pas sous le pied d'un honnête homme.

— Je signerai des lettres de change.

— Songe que c'est un escompte qui te coûtera cher.

— Je ne marchande pas.

— Eh bien! allons chez Morvan; il dit qu'il ne veut plus rien faire, mais ton nom le décidera.

On monta chez maître Morvan, un banquier à la petite semaine qui disait que l'argent n'a pas de taux légal. On discuta toute une heure; il disait qu'il n'avait pas le sou, que l'argent était cher, qu'il lui faudrait fondre la cloche, et autres expressions familières à tous les argentiers. En fin de compte, il se décida à donner soixante mille francs contre cent mille francs en lettres de change à un an. Un an, pour Gontran, c'était la fin du monde; il signa sans émotion, se promettant déjà de laisser tomber cinquante-six mille francs du haut de sa fierté dans les mains d'Eugène Marx.

Aussi, à peine eut-il les billets de banque, qu'il sortit sans vouloir continuer la conversation sur les points noirs de l'horizon financier. Son ami la continua avec l'argentier. Ce fut bientôt fait :

— Combien pour moi ?

— Une poignée de main.

— Tu t'en ferais mourir !

— Mais je risque le capital !

— Et les quarante mille francs d'intérêt ?

— C'est comme une affaire de Bourse.

— Eh bien ! si j'étais l'agent de change ?

— Un huit pour cent.

— Je te vas tuer.

— Dans un an, quand Gontran aura payé.

— Dans un an ! Tu sais bien que je ne fais pas d'affaires à terme.

— Eh bien ! je te donne ma maîtresse fin courant, c'est de l'argent comptant.

— Ta maîtresse, il y a longtemps que je l'ai fait reporter.

Et autres billevesées en style de Bourse.

X.

LA VIE PRIVÉE EST MURÉE.

Nous entrerons, s'il vous plaît, chez Mlle Lucie.

En voyant tomber les vingt-cinq louis de Gontran, elle n'avait pu dominer sa colère. Elle se leva comme une furie et les prit pour les jeter à son tour à son amant. C'eût été une belle musique dans l'escalier, mais comme elle voulut les ramasser tous, elle s'aperçut qu'il était trop tard. Elle pensa à les jeter par la fenêtre, mais elle était si peu vêtue — et elle avait la pudeur du froid ! — car il ne faut pas oublier qu'on était en janvier.

— Il ne perdra pas pour attendre, dit-elle, je les lui renverrai à domicile avec une lettre qui le fera pâlir de rage. Je lui écrirai que son adversaire est chez moi, je lui écrirai que je soupe avec Eugène Marx, je lui écrirai que jamais ma porte ne s'ouvrira pour lui.

Pourquoi Lucie n'avait-elle pas écrit? C'est qu'elle avait assez de méchanceté, — et d'esprit, —

pour savoir que le silence est encore l'éloquence la plus cruelle.

Pendant le duel, que se passait-il dans ce cœur insatiable ?

N'imaginez pas qu'elle fût inquiète pour son amant de l'avant-veille ou pour son amant de la veille. Elle éprouvait une certaine volupté à se dire :

— Ils se battent pour moi, rien que pour moi. Et pourquoi donc ne se battrait-on pas pour moi ?

Et elle se regardait dans une petite glace qu'elle avait toujours sous son oreiller.

Elle sonna sa femme de chambre.

— Dès que les journaux du soir paraîtront, achetez-les-moi tous.

Elle ne doutait pas que le journaux du soir ne racontassent ce duel. Tout l'univers allait savoir qu'on s'était battu pour elle.

Mais si les journaux n'allaient pas mettre son nom ?

Elle écrivit à un chroniqueur à la mode :

« *Mon cher ami,*

« *Je suis désespérée! On se bat pour mes beaux*
« *yeux à l'heure qu'il est. J'ai tout fait pour em-*
« *pêcher ce duel, mais le comte Locinscki et Gon-*

« *tran Staller ne veulent pas entendre raison. Ne*
« *parlez pas de ce duel.*

« Lucie. »

Mlle Lucie était bien sûre qu'en recommandant au chroniqueur de ne pas parler du duel, il s'empresserait de le raconter.

Elle écrivit à un autre, pour être plus sûre de faire du bruit :

« *Quand je pense qu'on m'a nommée Tournesol !*
« *Est-ce parce que tous les hommes tournent au-*
« *tour de moi ? J'ai beau jeter de l'eau sur le*
« *soleil, j'ai beau me réfugier dans mon art,*
« *je suis assaillie d'amoureux qui se coupent*
« *la gorge sous prétexte que je ne les aime pas.*
« *Les comédiennes sont bien à plaindre ! Elles*
« *jouent la comédie et elles créent la tragédie.*
« *Si vous parlez du duel de Gontran Staller et du*
« *comte Locinscki, dites que c'est la faute de mon*
« *bouquet, et non ma faute à moi.*

« Lucie. »

« P. S. — *N'allez pas publier ma lettre ! O sem-*
« *piternel indiscret.* »

Et quand Mlle Lucie eut ainsi disposé ses petites batteries, elle se répandit nonchalamment dans son lit pour dormir encore quelques heures. Pauvre enfant! après tant d'émotions et tant d'angoisses!

Quand elle se réveilla, elle courut à la répétition, disant à tout le monde :

— Je suis désespérée! il faut que je chante et on se tue pour moi.

On savait déjà l'histoire du duel.

— Ne te fais pas de chagrin, lui dit une de ses amies, ces messieurs se battent toujours parce qu'ils ne se tuent jamais.

Elle commença son grand air.

— Oh! mais vous êtes en voix aujourd'hui, lui dit Offenbach, vous n'avez jamais si bien chanté.

A la fin de la répétition, elle apprit comment on s'était battu et comment on s'était blessé au Parc des Princes. Elle étonna son monde par ce mot sublime :

— Ce n'est que cela!

Et elle ajouta, se parlant à elle-même :

— Si on allait n'en pas parler dans les journaux!

XI.

LES FOLIES D'UN FAUTEUIL D'ORCHESTRE.

Quand Lucie rentra chez elle, elle fut surprise de n'avoir pas un mot de Gontran. Elle espérait que la colère ou l'amour lui auraient mis la plume à la main.

Elle se consola un peu en lisant une lettre du comte polonais.

« *Ma belle,*

« *Me voilà cloué dans mon lit pour vous avoir*
« *aimée une heure ; ne m'accorderez-vous pas cinq*
« *minutes de consolation ?*

« *Jamais d'aussi jolis pieds que les vôtres n'au-*
« *raient monté l'escalier de l'hôtel de Lille et*
« *d'Albion.* »

— Je n'irai pas, dit Lucie.
Et se reprenant :

— Pourquoi n'irais-je pas, puisque Gontran n'est pas venu?

Mais ce jour-là, elle était toute à son rôle et à cet amant anonyme qui s'appelle le Public. C'est encore le plus sérieux amant des comédiennes, puisque c'est à celui-là qu'elles sacrifient tous les autres, même quand ce sont des comédiennes de la taille de Mlle Lucie.

Quoiqu'elle ne se laissât jamais prendre aux émotions qui viennent du cœur, elle était surexcitée ce jour-là; quand elle entra en scène, on la trouva plus belle que de coutume. Il semblait que la passion animât sa figure. Les autres jours, elle chantait comme une poupée, elle chanta avec plus d'action; ce n'était encore ni l'âme, ni la passion, ni le génie, mais c'était l'emportement de la fièvre. Les critiques de l'orchestre et du balcon commencèrent à se dire entre eux :

— Il y a peut-être quelque chose là.

— C'est le duel, dit tout à coup l'un d'eux.

— Le duel! dit un philosophe des coulisses, vous ne la connaissez pas; ce qu'elle aime, ce n'est pas l'amant qu'elle a eu, c'est l'amour qu'elle n'aura pas.

A l'orchestre, un fauteuil toujours occupé, même quand il n'y avait presque personne dans la salle, tendit vainement les bras pendant le premier acte à son spectateur absent; ce qui faisait dire à Lucie:

— Il ne vient pas.

Le chef-d'œuvre où elle jouait était en deux actes. Pendant l'entr'acte, dès qu'elle eut revêtu son second costume, elle vint regarder par l'œil de la toile.

— Il ne vient pas, dit-elle encore.

Mais au second acte, quand elle entra en scène, le spectateur était là. Leurs regards se rencontrèrent.

Oui, le malheureux Gontran était venu avec son bras en écharpe, avec son cœur plein de chagrin, avec son esprit plein d'indignation, non pas contre elle-même, mais contre lui-même.

Après le dîner, sous prétexte de fumer, il était sorti. Sans le vouloir, il s'était détourné du boulevard par la rue de Choiseul; comme il faisait froid, il avait pris le passage. Pourquoi ne pas se promener là aussi bien qu'ailleurs? Il avait vu entrer et sortir les spectateurs des Bouffes. Il avait regardé malgré lui l'affiche. Vingt fois il s'était dit :

— Elle est en scène; elle s'habille; elle se déshabille; elle met du blanc et du rouge; elle injurie son habilleuse et son coiffeur; elle essaye sa voix; elle est dans les coulisses avec toutes les fortes en gueule.

Et il passait et il repassait.

Après le premier acte, il écouta les conversations de ceux qui descendaient pour respirer pendant l'entr'acte. — C'est un succès pour Lucie. — On n'appellera plus Lucie que Phryné. — Sais-tu que Lucie a vraiment chanté ? — Tu veux dire qu'elle est vraiment jolie. — Non, je veux dire que cette coquine-là est capable de tout, même de se faire un jour cinquante mille francs de rentes avec sa voix. — Tu es donc amoureux d'elle ? — Je voudrais bien savoir qui n'est pas amoureux de Lucie.

Gontran, tout hors de lui, était entré aux Bouffes-Parisiens.

Il avait un peu l'air d'un fou ; il passa à travers ses amis sans les reconnaître. L'acte commençait, il se précipita à son fauteuil d'orchestre.

Ceux qui ont aimé au théâtre savent seuls comment leur maîtresse se transfigure sur la scène ; un homme qui aime une actrice aime deux femmes. La comédienne hors de son théâtre est comme l'oiseau qui marche ; sur les planches, c'est l'oiseau qui vole et qui chante. Le soleil de la rampe accentue et adoucit la beauté des femmes ; il donne à leur figure le vif éclat corrégien et la belle ombre prudhonesque. Les astrologues et les rêveurs pressentent des planètes d'une température plus brûlante où la nuit et le sommeil n'auront plus d'action ; le théâtre est déjà cette étoile espérée, le cœur y bat plus vite, on y vit double, les passions s'y emportent, s'y heurtent et s'y brisent ; la coulisse est une féerie où les plus raisonnables ont le vertige.

Dès que Gontran vit apparaître, dans toute la splendeur de ses vingt ans, dans tout l'éclat de son triomphe, Lucie, vêtue en archidéesse de l'Olympe, c'est-à-dire dans une nudité estampillée, il retomba dans sa folie et s'avoua que la vie était là. Comme les buveurs qui font abstinence et qui retrempent leurs lèvres dans la coupe, il n'eut plus la force de résister à l'ivresse, il se rejeta lui-même dans son mortel amour. Il est vrai que Lucie acheva de le reprendre par un de ces regards incendiaires qui mettaient le feu aux quatre coins de la salle.

Elle jugea d'ailleurs que ce n'était pas assez, car sortie de scène pour deux minutes, elle demanda un crayon et du papier pour écrire ce mot :

« *A monsieur Gontran Staller.*

« Fauteuil d'orchestre, n. 22.

« *Comme je suis heureuse de te voir le soir de*
« *mon triomphe ! Ton bras en écharpe me va au*
« *cœur. Viens ! viens ! viens ! je te donnerai mes*
« *deux bras.*

« Ta Lucie. »

C'en était fait. Cinq minutes après, Gontran retournait dans ces infernales coulisses où il avait cru trouver le paradis.

L'archidéesse de l'Olympe l'embrassa avec violence :

— Ah ! c'est toi ! Que je suis contente ! Il y a un siècle que je ne t'ai vu.

Quoique toute à cette expansion, Lucie ne put s'empêcher de sourire en voyant qu'elle avait barbouillé de blanc son adoré. Elle lui jeta son mouchoir dans la figure.

— Tiens, Sultan ! débarbouille-toi. Mais après tout ce sont les marques d'amour du théâtre. Attends-moi, je ne fais que traverser la scène, seulement change de coulisse.

Gontran baisait le mouchoir, heureux d'y retrouver ce cher parfum qui lui troublait la tête depuis si longtemps.

Il était côté cour, — il retrouva Lucie — côté jardin. — Là il fallait se coudoyer avec quelques amoureux qui l'attendaient. On ne croyait pas que l'amant en titre viendrait ce soir-là. Mais dès qu'on la vit lui parler avec une onction inconnue jusque-là, on laissa le champ libre.

Elle disait « mon Gontran, » comme Mme Dorval disait « mon Didier, » comme Mme Stolz disait « mon Fernand. »

Lucie rentra encore en scène pour le dénoûment. Ce fut une grêle de bouquets : les lilas blancs tombèrent à ses pieds comme une volée de neige. Elle en remporta plein ses bras, convaincue qu'elle devait cela à l'amour de l'art et non à l'art de l'amour. Elle fut rappelée. Gontran la regarda quand elle reparut devant le public, pressant avec la volupté du bonheur les gerbes blanches.

— Ah! dit-il, si mon ami Marchal pouvait la peindre ainsi !

C'était au temps où Charles Marchal, qui s'était trop « enalsacié » dans son amour des filles savoureuses plantées en pleine nature, voulait prouver aux pédants qu'il ferait tout aussi bien qu'eux « ses antiques. » Il montra malicieusement que la femme est toujours la même dans tous les siècles, quelle que soit la robe. Voilà pourquoi il peignit ces deux petits chefs-d'œuvre : *Pénélope* et *Phryné*. Il connaissait bien Lucie. Il l'avait vue dans son cabinet de toilette à l'heure où elle se faisait les griffes, la chevelure, les yeux et les grains de beauté. C'était donc un modèle tout trouvé pour sa Phryné.

Après son triomphe dans le rôle de Phryné, Lucie emmena Gontran dans sa loge, il marchait tout ébloui comme dans un songe, sans même pressentir qu'il faudrait se réveiller encore.

On frappa à la porte de la loge, mais Lucie, toujours si accessible, fut impitoyable à tous ceux qui aspiraient ce soir-là à sa main.

Ce soir-là Gontran était son amant.

On s'en alla à pied, bras dessus bras dessous, comme les étudiants et les grisettes,

Pas un mot qui ne fût l'expression du bonheur. Mais quand on aborda la rue du Helder, Lucie dit en soupirant : « Voilà une rue démodée pour une femme comme moi ! »

— Tu la remettras à la mode. Dans cent ans, quand on démolira la maison, on dira : Ce fut là que demeura Mlle Lucie.

On arrivait devant la maison.

— Dans cent ans ! mais cette maison est une ruine déjà. Regarde-moi donc cette façade-là.

— Oui, il faudrait bien y mettre un peu de poudre de riz. Cela ne fait rien, va, le bonheur ne se loge pas dans les palais.

— Oui, mais je t'avoue que je suis toujours tout attristée quand je rentre chez moi. J'ai eu beau capitonner mon nid, je sens bien que l'arbre est dépouillé, cette maison-là appartient aux hiboux.

Gontran baisa Lucie en pleine rue.

— Allons ! n'attristons pas tes bouquets.

A cet instant, la voiture qui les suivait avec la femme de chambre, s'arrêta devant la porte. On monta avec cette gaie moisson, Mlle Lucie chanta son grand air dans l'escalier pour réveiller tous les gens de la maison, car elle voulait que tout le monde fût heureux de son triomphe.

— Chut ! ma chère, on va te donner congé.

— C'est justement pour cela que je chante, je ne veux plus rester ici ; je veux habiter les Champs-

Élysées comme la Patti. Je veux avoir mon hôtel comme la Barucci.

— Eh bien! n'en parlons plus, on te donnera un hôtel aux Champs-Élysées.

— Oh! oui, n'est-ce pas? Vois-tu, il faut que le bonheur soit bien habillé et bien logé. Le bonheur sans diamants, c'est triste.

Ces diamants jetèrent de l'eau sur le feu.

— Ah! par exemple, dit Gontran devenu soucieux, je ne me charge pas d'aller aux Indes pour jeter des pierres dans ton jardin. Si tu savais d'ailleurs comme les diamants sont mal portés!

— C'est trop malin, ce que tu dis là, mon cher. Ne te tourmente pas, je n'ai qu'à faire un appel à mes actionnaires, il y en a qui ne craindront pas d'aller jusque dans les Indes. Il y en a qui ont un crédit ouvert chez Moïana, il y en a qui me décrocheront des étoiles, mon cher.

Naturellement, après un pareil triomphe, Mlle Lucie faisait un rêve des *Mille et une Nuits*. Gontran était tout à la fois sous le charme et sous l'épouvante; elle le roulait dans les fleurs, mais il voyait l'abîme.

Pardonnez-moi cette image démodée depuis Homère.

La beauté de Mlle Lucie était très-discutée et très-discutable. Vue de face et de profil, on ne pouvait lui refuser ni la grâce de l'ovale, ni l'harmonie des lignes. On constatait que le menton était trop accentué ; mais elle n'oubliait pas de dire à propos devant ses critiques, que c'était un des signes de la beauté dans l'antiquité, et elle montrait des médailles et des camées. Elle partait de là pour se moquer des femmes au menton fuyant. Par malheur pour elle, vue de trois quarts, elle perdait beaucoup, parce qu'elle avait les pommettes un peu saillantes et les joues un peu vallonnées. Le menton, qui donnait du caractère au profil, marquait trop de trois quarts. Aussi Lucie choisissait bien sa pose quand elle se faisait peindre ou photographier ; elle évitait aussi de se montrer de trois quarts quand elle posait devant un amoureux qu'elle voulait convaincre. Elle avait d'ailleurs l'art de répandre sur sa figure un air charmant par la grâce féline du sourire, sourire des yeux, sourire de dents. Quoiqu'elle fût brune, elle se vantait d'avoir les yeux bleus, mais c'était le bleu de la mer ; si elle montrait ses dents, c'est que la bouche entr'ouverte lui allait bien, car ses dents n'étaient pas d'un ordre parfait, les canines sortaient un peu des rangs comme plus gourmandes que les autres. Aussi, quand Lucie disait en riant dans les taquineries intimes : « Prenez garde, je ne ferai de vous qu'une bouchée, » on regardait ses dents canines avec une vague inquiétude.

Mais Lucie avait par-dessus tout ces séductions de la Parisienne pur sang qui défient toutes les critiques, séductions à l'emporte-pièce, séductions de l'esprit, séductions inattendues. Elle n'était jamais prise sans vert. Habillée, elle était irrésistible, — plus irrésistible encore dans son peignoir. C'était la femme des ondulations et des serpentements, hormis à ses heures de colère où elle éclatait comme l'orage. Mais elle avait le jeu des larmes pour se faire pardonner, — que dis-je, pour pardonner.

XII.

UN TRAIN DE PLAISIR.

Gontran s'arracha des bras de Lucie pour aller voir son père. Il avait promis à sa mère de rentrer dans une heure, trois heures déjà s'étaient passées.

Qu'allait-il lui dire ? car il la trouverait sans doute, veillant le cher malade.

M. Staller allait mieux.

— Je vais bien, dit-il à son fils. C'est fort heureux pour vous tous, car il me vient à la pensée qu'il n'y a pas une heure à perdre pour maintenir l'hypothèque du million que j'ai prêté au comte de l'Étang. Maintenant que ses créanciers s'abattent sur sa fortune, il faut veiller sur ce million. Pourvu que les contrats aient été bien faits ! Je repartirai demain matin.

— C'est impossible.

— La nécessité achèvera de me guérir. Si je ne puis partir, tu partiras.

— Compte sur moi. Je partirai par le train de huit heures.

Vous avez connu de près ou de loin le comte de l'Étang, un ami du duc de Morny, de Roqueplan, de Daru, de tous ceux qui vivaient haut et bien il y a vingt ans.

Ce n'était pas un joueur, c'était le joueur. Cette physionomie curieuse a manqué à la galerie de Regnard, un joueur aussi celui-là, qui joua sa vie contre l'amour, un homme de génie qui eût mis sa gloire sans sourciller dans un coup de cartes.

Le comte de l'Étang joua tout et perdit tout, fors l'honneur. Il joua son écurie, il joua sa meute, il joua sa maîtresse, il joua son château : un château royal bâti par Henry II, il joua sa mort après avoir joué sa vie. Son dernier pistolet, celui qu'il appelait son dernier ami, un bijou qui eût donné envie de se tuer — ou de tuer quelqu'un — à Benvenuto Cellini, il le joua et le perdit; si bien qu'il lui fallut se résigner à mourir comme le premier venu.

Mais ce n'est pas ici son histoire que je raconte. Il avait en son beau temps quatre châteaux autour de Paris, aux quatre points cardinaux. Il appelait cela jouer aux quatre coins. Au septentrion. M. Staller était son voisin de campagne ; ils s'étaient connus à la chasse. Un jour le comte de l'Étang demanda à son voisin un million à brûle-pourpoint ; M. Staller ne le savait pas joueur. On ne donne pas un million comme cela ; mais justement M. Staller, qui s'était enrichi rapidement en 1852 dans la création du papier-monnaie, ne demandait qu'à retirer ses épingles de la Bourse.

— Un million! répondit-il à son voisin, quand voulez-vous cela?

— Quand il vous plaira, le temps de prendre hypothèque sur ce château et sur la forêt où nous chassons.

Ce fut dit, ce fut fait.

Le comte de l'Étang joua le million et alla frapper à d'autres portes, jusqu'à ce qu'il fût enseveli sous une ruine éclatante.

Le château et la forêt furent vendus. Il y avait beaucoup de créanciers, on ne s'entendit pas ; M. Staller maintenait son hypothèque pour un million : or, voici ce qui arriva :

Le notaire du pays, qui lui servait d'intendant, vint à mourir ; il eut pour successeur un brouillon qui oublia de faire renouveler l'hypothèque. Ce fut M. Staller qui, le premier, s'aperçut de cet oubli ; il n'y avait d'ailleurs que quelques jours de perdus.

Gontran devait donc partir pour le premier train pour aller en toute hâte à Beauvais trouver le notaire et l'avocat, afin qu'on ne perdît plus une heure.

C'est ici que se montre le mauvais génie de la fortune Staller.

Gontran quitta son père à trois heures, disant qu'il prendrait le train de huit heures. Il se coucha jusqu'à six heures. Il était en avance d'une heure quand il dit adieu à son père. Mais il passa par la rue du Helder. Lucie dormait, il fallut la réveiller.

— Adieu, lui dit-il.

— Où vas-tu ?

— A trois heures de Paris, dans un pays que tu ne connais pas.

Lucie sauta hors du lit.

— Je veux partir avec toi.

Gontran eut beau se défendre d'un si joli compagnon de voyage : Lucie s'accrocha à lui; il fallut l'attendre. On manqua le train.

Quand on arriva à Beauvais, le bureau des hypothèques était fermé.

Tout n'était pas perdu. Mais le lendemain il fallait qu'on se levât matin : après un pareil voyage, trois heures de chemin de fer, après une soirée agitée au théâtre de Beauvais, après un souper avec une comédienne et un journaliste qu'on avait retrouvés là, on se leva à midi.

Lucie ne voulait pas déjeuner seule. Gontran eut pourtant le courage de s'arracher de ses bras et de courir chez l'avocat indiqué.

On alla aux hypothèques : il était trop tard depuis deux heures : d'autres inscriptions avaient été inscrites, le million était perdu.

— Que voulez-vous, monsieur, dit le conservateur à Gontran, ce n'est pas quand les hypothèques sont périmées depuis plus de huit jours qu'on vient en demander des nouvelles. Je croyais d'ailleurs que M. Staller avait été payé de son million.

— Ce n'est pas le dernier mot, dit l'avocat, nous allons plaider contre ces nouvelles inscriptions que nous ferons déclarer nulles.

— Monsieur, dit le conservateur, je crois que vous perdrez votre procès, car c'est ici que l'on peut dire : ce qui est inscrit est inscrit.

Gontran était abasourdi. Il avait toutes les peines du monde à comprendre qu'on pouvait perdre un million parce qu'on s'est levé deux heures trop tard.

— De grâce, dit-il à l'avocat, je ne croyais pas que ce fût sérieux, ne dites pas à mon père que je ne vous ai vu qu'à midi.

Quand Gontran rentra à l'hôtel, il dit à Lucie :

— C'est à se casser la tête ! je suis arrivé deux heures trop tard, j'ai perdu un million.

— Un million ! s'écria Lucie, il fallait me le donner !

Ce furent toutes les paroles de consolation qu'il trouva chez la comédienne.

— Tu ne m'as jamais aimé, lui dit-il avec colère.

— Comment faut-il donc faire ? s'écria Lucie avec la surprise d'une ingénue.

Lucie aimait un peu Gontran, mais au pied levé, sans s'attarder. Ce n'étaient plus ces violences de passion que lui avait inspirées son premier amant. Elle disait qu'elle avait eu ses stations de la croix, son miel et son vinaigre, toutes les flagellations de la jalousie. Elle ne croyait pas qu'elle retomberait jamais sous ce charme incisif, sous cette domination cruelle. Elle avait eu le cœur martelé. Elle défiait qui que ce fût de la rejeter dans ces angoisses. Et pourtant elle trouvait encore une savoureuse volupté à s'en souvenir. Avec Gontran, c'était tout autre chose. Elle avait du plaisir à le voir, parce qu'il était beau. Ce n'était pas sans vanité qu'elle se suspendait à son bras parce qu'il était brave. Ce n'était pas sans curiosité qu'elle l'écoutait lui conter les gaies histoires du monde galant. Mais elle sentait qu'entre lui et elle, c'était une chaîne de fleurs qui se briserait à la première aventure sans lui déchirer les mains, parce que les épines n'étaient pas de son côté.

Gontran l'aimait follement, passionnément, désespérément ; elle l'aimait par distraction, par bouffée, par fantaisie, un véritable amour d'après souper.

XIII.

LE TESTAMENT.

A son retour à Paris, Gontran trouva la maison sens dessus dessous. Ricord et Cabarrus, les médecins des deux pôles, avaient été appelés ensemble ; ils s'entendaient parce que l'esprit domine la science. Il y avait là aussi Piogey et Paquelin, ce qui faisait le nombre cabalistique dans la médecine.

M. Staller avait eu une rechute ; on avait couru tout Paris pour chercher des médecins. Or, on sait que le soir c'est une bonne fortune de les trouver, si ce n'est pas une mauvaise fortune. On avait cherché Gontran dans les deux cercles où il allait, on l'avait cherché aussi aux Italiens où il y avait une représentation de gala, on n'avait pas oublié qu'il pouvait bien être aux Bouffes-Parisiens, mais quand on s'était présenté au contrôle, il n'y était pas encore entré.

— Ton père t'a demandé plusieurs fois, dit Mme Staller à son fils sans lui faire de reproches.

Dès que les médecins se furent éloignés après avoir donné de l'eau bénite de faculté au malade, Gontran s'approcha de son père : il lui prit la main et la baisa en silence.

— Mon père, je vous demande pardon.

— Je te pardonne, dit le père. On ne traverse pas impunément la jeunesse ; j'ai eu moi-même mes heures de folie. Mais mon cœur a tout sauvé, c'est ce qui arrivera chez toi. Écoute-moi bien.

Le malade but une gorgée de vin. Les quatre médecins, à force de science, en étaient revenus à la nature ; ils avaient conseillé le vin de château d'Yquem comme le meilleur cordial qui pût raviver l'esprit et le corps.

M. Staller parla ainsi à son fils :

— Je vais mourir. Il y a des malades qu'on ne trompe pas. La mort ne m'effraye pas, car je crois à Dieu. Je vais retrouver mon père et ma mère. Je vais vous attendre. On a bien raison de dire qu'il y a des grâces d'état, puisque je me résigne à vous quitter tous les trois.

M. de Staller ne voulait pas s'attendrir, mais des larmes mouillèrent ses yeux. Il serra la main de son fils :

— J'espère que tu comprends ton devoir. Demain tu seras le chef de la famille, tu aimes bien ta mère et ta sœur, tu seras digne de ton nom. Je meurs triste parce que vous voilà appauvris, il vous reste à grand'peine deux millions. Par ce train d'enfer que mène Paris, c'est la médiocrité; qui sait si dans vingt ans ce ne sera pas la misère. Mais ne voyons pas si loin.

M. de Staller regarda son fils :

— Je ne te demande pas ce que tu as pris pour payer ta dette de jeu. Tout naturellement, c'est un à-compte sur ta dot.

Gontran interrompit son père.

— Mon père, j'aurais honte de faire perdre un denier à ma sœur.

— Je n'en doute pas; je voulais vous donner à chacun un million de dot, je me fusse contenté du reste pour vivre dans mon château. N'oubliez pas qu'il y a des jours où les honnêtes gens payent pour les coquins. Ne signe jamais rien sans bien regarder l'encre de ta plume; mon père m'avait dit cela, mais l'homme juge toujours l'homme par lui-même.

M. Staller but encore une gorgée de vin de château d'Yquem.

— Console ta mère en l'aimant bien; marie ta sœur à un galant homme. N'oublie pas que s'il n'y a pas d'amour il faut lui arracher la plume des mains; un brave homme et une brave femme qui s'aiment ne sont jamais pauvres. Pour toi, je te recommande de te marier jeune; la nature ne veut pas que l'homme bâtisse sa maison quand il n'est plus dans toute sa force. Toutes ces amours du dehors sont des grains de blé perdus dans une terre inféconde; les bonnes moissons sont celles qui viennent après de bonnes semailles. N'oublie pas ces mots de l'Écriture : « Malheur à l'homme seul, » ce qui veut dire : malheur à l'homme sans enfants.

— Mon père, je me marierai jeune.

La figure de Lucie passa comme une ombre funèbre.

— N'oublie pas que la fortune ne se défend pas d'elle-même. Les riches sont tous les jours attaqués, je ne dirai pas par les pauvres, mais par ceux qui veulent devenir riches. Sois toujours en éveil; ce n'est pas la charité qui ruine, c'est la bêtise, c'est l'imprudence, c'est la folie, c'est la passion. Il y a des veines et des déveines dans la vie. Si tu sens le bon vent, mets toutes voiles dehors; si la déveine arrive, croise-toi les bras et couche-toi sur ton ancre.

M. Staller porta le verre à ses lèvres.

— Je te parle trop d'argent; mais, comme disait mon père, c'est parler d'or. Vois-tu, c'est que l'argent est bon prince, c'est encore le meilleur ami, puisque l'argent s'appelle tour à tour : la liberté, la fraternité et la charité. On fait de la mauvaise politique depuis que le monde est monde, on en fera toujours. La bonne politique, c'est la pièce de cent sous. Elle brave toutes les servilités, elle console toutes les misères. Le jour de ma mort, donne sans compter à tous les pauvres que tu rencontreras.

Le testament.

La voix de M. Staller arrivait à peine à l'oreille de Gontran, quoiqu'il se penchât vers son père.

— Je ne fais pas de testament, puisque tu représenteras ma pensée.

M. Staller voulait continuer, mais quelques paroles incohérentes se heurtèrent sur ses lèvres ; il tentait de recouvrer toute la force de son esprit, mais il était à bout. Il prononça le nom de sa femme et de sa fille. Quand elles accoururent, le mourant les reconnut à peine. C'en était fait : la mort avait frappé fort ; il était écrit que celui-là ne reverrait pas le jour.

Quand Gontran vit que tout était perdu, vers sept heures du matin, il monta dans sa chambre et écrivit à Lucie pour lui apprendre le malheur qui le frappait.

« *Tu comprends tout mon chagrin. Je ne te*
« *verrai pas ces jours-ci, mais je t'aime.* »

Que dit Mlle Lucie en lisant ce billet ?

— Je tiens mon hôtel ! s'écria-t-elle en faisant une pirouette.

Et elle se mit à son piano pour chanter un air de la *Belle Hélène.*

Quand elle eut chanté son air, elle murmura :

— Gontran ne me verra pas ces jours-ci ; qui donc me verra ?

XIV.

L'AMOUR ET LA CONSCIENCE.

A six semaines de là, Gontran et Lucie couraient les Champs-Élysées dans un petit coupé qui avait un store baissé.

Gontran avait la pudeur de son deuil.

On parcourait l'avenue des Champs-Élysées, l'avenue Friedland, l'avenue de la Reine-Hortense, visitant les hôtels à vendre, les animant déjà par la vie folle et luxueuse qui devait y resplendir.

On s'était aventuré dans les plus riches. Rien n'était trop beau pour la demoiselle.

Elle comprenait pourtant qu'il fallait modérer un peu ses aspirations.

Elle se résigna à un petit hôtel de la rue de Courcelles, qui ne coûtait que deux cent mille francs.

Comment Gontran se résignait-il, lui, à courber le front sous cette nouvelle folie? Il dépensait avec Lucie trois cents francs par jour : chevaux, voitures, bouquets et robes, car si elle n'était pas encore une grande comédienne, elle était devenue une grande cocotte.

C'est que Gontran en était toujours aux compromis d'amour et de conscience. La conscience disait à l'amour : « C'est trop comme cela ; tu m'as entraînée bien plus loin que je ne voulais : si je fais un pas de plus, je ne trouverais pas mon chemin. » L'amour disait à la conscience : « Je demande si peu pour vivre et pour être heureux! Par exemple, cet hôtel qu'il faut pour loger deux cœurs, il coûte deux cent mille francs, mais le Crédit Foncier prêtera cent mille francs par hypothèque. Or, qu'est-ce qu'une hypothèque, qui se paye et s'efface en cinquante ans? Être chez soi, c'est l'idéal. Qui est-ce qui n'est pas chez soi, aujourd'hui? Vivre dans une maison à locataires, c'est vivre dans un omnibus; fi donc! tu n'es plus de ton temps, conscience, ma mie. » La conscience ripostait par de bonnes raisons, mais on ne l'écoutait pas.

Lucie eut donc son hôtel rue de Courcelles. C'était un joli bijou de pierres. Façade de style Louis XV, toute tarabiscotée, masques Pompadour, cadres à rubans, moulures harmonieuses. Les intérieurs étaient faits pour l'intimité, avec leurs tentures de soie et leurs boiseries finement travaillées. La serrurerie indiquait un artiste ; tous les plafonds étaient peuplés d'amours et d'oiseaux. Peu de nuages. Pourquoi des nuages ? Et la salle de bain, toute en marbre blanc, encadré d'onyx avec des clous d'or au plafond, de vraies étoiles. Il n'y avait pas de jardin, mais la serre, qui devait être le fumoir, ne pouvait-elle pas renfermer toute la flore luxueuse des tropiques?

Lucie remarqua avec joie que l'escalier de service était assez joli pour en faire un escalier dérobé.

XV.

LA JOUEUSE DE HARPE.

On parla bientôt de l'hôtel de Mlle Lucie comme d'une demeure princière. On y pendit la crémaillère en belle compagnie; on y reçut une fois par semaine le meilleur monde parmi le plus mauvais. La chronique des journaux parlait tous les jours des fêtes de Lucie, des faits et gestes, que dis-je! des beaux mots de Lucie.

Tout le monde enviait Gontran, tout le monde se moquait de lui. Il voulait tous les jours s'arracher à ses délices de Capoue, tous les soirs il retombait fatalement sous le joug.

Lucie était le charme et le poison de sa vie. Mais n'est-ce pas à propos de ces femmes-là qu'on a dit que les hommes s'habituaient aux poisons?

Gontran n'était pas d'ailleurs tout aux mauvaises passions; il avait ses heures de raison vers le milieu de la journée. Il ne manquait presque jamais de déjeuner et de dîner avec sa mère. Les comédiennes ne se mettent jamais à table sérieusement, hormis pour souper; elles déjeunent dans le lit, elles dînent presque debout, parce que l'heure du spectacle les appelle, hormis les jours où elles ne jouent pas. Or, Lucie jouait presque tous les jours. Gontran pouvait donc déjeuner et dîner chez lui, sans que Lucie lui reprochât de l'abandonner.

Dès qu'il avait franchi le seuil de la famille, c'était un tout autre homme : l'image de Lucie ne le suivait pas plus loin que l'antichambre, le souvenir de son père le reprenait à son entrée. Pendant le repas, Mme Staller, qui avait l'art de conduire la conversation, rouvrait à l'esprit de son fils les perspectives d'une vie sérieuse, couronnée par la considération. Elle le grondait de ne rien faire ; elle avait des amis dans le monde officiel, elle lui conseillait de songer à une fonction quelconque; il n'était pas assez riche pour se croiser les bras.

— A moins, lui disait-elle souvent, que tu ne fasses un beau mariage.

Un beau mariage, cela voulait dire qu'il lui fallait épouser Mlle de Marcy, qui jouait si bien de la harpe.

— Eh bien ! répondait Gontran, je ne demande qu'à épouser Mlle de Marcy.

Il disait cela comme on dit à un ami qui doit partir pour les Indes dans un an : « Je partirai avec vous. »

Gontran donnait cà et là toute une soirée à sa mère et à sa sœur quand elles avaient du monde. Quoiqu'elles fussent en plein deuil, elles avaient rouvert leurs portes à quelques amis intimes : Mlle de Marcy n'était pas de l'intimité, mais elle en fut bientôt.

— Tu ne sais pas, dit un jour Mlle Staller à son frère, Mlle de Marcy vient ce soir avec nos amies prendre une tasse de thé. Tu ne vas pas t'envoler, bel oiseau ?

— Non ; est-ce que Mlle de Marcy jouera de la harpe ?

— Tu es fou ; tu sais bien qu'on ne fait pas de musique, ici. D'ailleurs, elle ne joue plus de la harpe.

— Et pourquoi ne joue-t-elle plus de la harpe ?

— Parce qu'elle est triste.

— Et pourquoi est-elle triste ?

— Ah ! voilà le secret, mais c'est son secret.

— Eh bien ! puisque c'est son secret, dis-le-moi !

— Elle est triste parce qu'elle aime. Il paraît que l'amour est triste.

— Je te vois venir, tu voudrais bien me faire croire que c'est moi qu'elle aime. Vois-tu, ma chère, une femme qui joue si bien de la harpe est une femme amoureuse, à n'en pas douter. Mais elle est amoureuse de l'amour, elle mettra aussi bien son cœur sur Jean que sur Pierre ; si ce n'est pas moi, ce sera un autre ; si ce n'est pas celui-ci, ce sera celui-là.

— Tu crois cela, toi ?

Gontran regarda sa sœur. Elle était triste.

— J'y pense, tu as dit que l'amour était triste, est-ce que tu as aussi ton secret, toi ?

Gontran embrassa sa sœur.

— Ma chère petite sœur, dis-moi ton secret. N'est-ce pas que tu aimes Raoul ?

— Quel Raoul ?

— C'est mal de me faire cette question-là. Tu sais bien qu'il n'y a qu'un Raoul, Raoul d'Oraie. Pour toi, tu as raison de l'aimer, c'est un cœur loyal, c'est un esprit délicat, c'est l'homme que j'aurais voulu te choisir même si tu ne l'aimais pas encore.

Une larme mouilla les cils de la jeune fille.

— Si tu savais comme il est ton ami !

— Il n'a qu'un tort, c'est de n'avoir pas de fortune. S'obstiner à faire de la sculpture ! Mais enfin, on élève tant de statues aujourd'hui, il ne faut pas désespérer. Et puis, il ne faut pas tous les biens du monde pour vivre.

Mlle Staller se doutait bien que Raoul, — le seul Raoul — n'était pas bien riche, mais elle ne savait pas quelle était sa fortune, à elle.

— Qu'est-ce que tu me donneras en dot ? dit-elle

à son frère en le regardant avec ce beau regard des âmes naïves.

Emporté par son amour fraternel, Gontran lui répondit :

— Tout ce que tu as et tout ce que j'ai, si tu veux.

— Tout ce que tu as ! murmura la jeune fille. Nous n'osons te questionner avec maman ; nous savons que tu as perdu au jeu, nous savons que tu ne places pas bien ton argent. Dis-moi la vérité, où en es-tu ?

— Où j'en suis !

Gontran lui-même n'osait se questionner.

— Écoute, ma chère petite sœur, j'ai fait bien des folies, mais ta fortune, comme celle de ma mère, est sacrée. S'il m'arrive un jour de n'avoir plus le sou, il me restera cette consolation que je n'ai jamais touché au bien d'autrui.

— Tu m'effrayes ! Tu parles de n'avoir plus le sou, comme si tu étais près d'en arriver là.

Quoique Gontran ne fût pas bon mathématicien, il avait vaguement calculé qu'au train dont il y allait, il ne lui fallait plus que six mois pour achever de manger son million. Il lui restait bien encore cent cinquante mille francs ; il avait mis un peu d'ordre dans son désordre ou plutôt dans le désordre de Lucie. Par malheur, lui qui n'avait plus joué — dernière soumission au souvenir de son père, —

il s'était hasardé à la Bourse, comme tous ceux qui veulent jouer de leur reste.

— Écoute, lui dit sa sœur, je ne te vois qu'une ressource sérieuse si tu veux t'arrêter dans ta folie, — elle voulait dire dans ta ruine — c'est d'épouser Mlle de Marcy, elle t'aime et elle a un million de dot, deux fortunes pour une.

— Je ne demande que cela. Elle est belle, elle a de l'esprit, elle est du meilleur monde; pour moi, c'est l'inespéré.

— Eh bien ! à ce soir.

— Oui, à ce soir.

Et Gontran s'envola chez Lucie.

— Tu ne sais pas, lui dit Lucie, j'ai un prince, rien que cela, qui joue de la sérénade sous ma fenêtre; tu sais que je vais te trahir.

— Tu ne sais pas, dit Gontran, j'ai une princesse qui veut m'épouser; tu sais que je vais te planter là.

Lucie voulait bien trahir, c'était sa vie, mais elle ne voulait pas être plantée là.

— Quelle est donc cette princesse ?

— Une fort belle fille, ma chère, qui porte un beau nom et qui ne dédaignerait pas de s'appeler Mme Staller.

— Une drôle d'idée, qu'ont toutes ces demoiselles, de vouloir se marier pour nous prendre nos hommes. Encore si c'était pour les garder !

— Elles les gardent quelquefois; il y a plus d'une femme dont on fait sa maîtresse.

A ce mot, Lucie bondit de jalousie.

— Eh bien ! mon cher, va te marier ! Et comment s'appelle cette princesse ?

— Je ne sais pas encore son nom, répondit Gontran.

— Et comment sais-tu qu'elle porte un beau nom ? C'est sans doute Mlle de Merluchette ou Mlle de la Grue. Va, je saurai tout, car j'ai ma police.

Gontran regretta d'avoir trop parlé, mais il ne pensa pas que cette évaporée penserait plus longtemps à cette confidence faite en riant.

Le soir, pendant que Lucie chantait aux Bouffes-Parisiens un duo avec Léonce, Gontran devenait sérieusement amoureux de Mlle de Marcy.

Il y a des hommes qui subissent comme des sensitives les variations de l'atmosphère. Quand Gontran était au théâtre, il dédaignait les femmes du monde; dès qu'il était dans le monde, les femmes de théâtre disparaissaient dans les coulisses, au milieu des allumeurs et des machinistes.

Ce soir-là, Gontran s'étonnait d'avoir été si longtemps pris à ces piperies de la femme galante. Il croyait respirer pour la première fois l'air vif des montagnes. Son âme volait au-dessus des nues, dans le bleu du ciel. Il reposait ses yeux avec un charme indicible dans les beaux yeux de Mlle de

Marcy. Là, tout était pureté, tout était lumière, tout était vérité : rien n'avait troublé ces lacs de l'âme. La voix qui lui parlait n'avait jamais menti ; ces belles lèvres ne devaient jamais se souiller par ces mots amoureux dits à bouche que veux-tu. Avoir une femme qui est aux autres, c'est peut-être un plaisir de l'enfer, mais posséder une femme qui est à soi, n'est-ce pas le souverain bien ?

Cette nuit-là, Gontran n'alla pas frapper à la porte de Lucie.

Le lendemain matin, il s'éveilla fier de lui, il était si loin du devoir qu'il lui paraissait héroïque de bien faire.

Il avait été convenu la veille entre sa sœur et Mlle de Marcy qu'on se retrouverait aux Italiens, dans la seconde avant-scène à salon de la famille de Marcy. Gontran se réjouissait de revoir la jeune fille.

Ce soir-là, elle avait une adorable robe bleu de ciel, peut-être un peu décolletée pour habiller une fille à marier, mais que ne pardonne-t-on pas à de belles épaules, surtout quand la candeur les habille ?

Mlle de Marcy ne ressemblait pas à ces jeunes filles qui ont tout à perdre à se décolleter : la tête est belle, le rayonnement de la jeunesse passe sur le front, dans les yeux, sur les lèvres, mais les cordes du cou, les salières, les seins timides qui ne veulent pas encore se montrer, les bras en fuseau, attristent le regard et appauvrissent la figure. Beaucoup de femmes n'arrivent à leur épanouissement que vers la vingt-cinquième année ; chaque âge a ses plaisirs, dit la chanson. Mais Mlle de Marcy avait poussé d'un seul coup, comme ces arbres généreux qui vont donner des fruits quand on respire encore leurs fleurs ; elle avait éclaté dans sa beauté avec toutes les luxuriances de la jeunesse. Les rêveurs, les poëtes, les chercheurs d'idéal lui eussent peut-être trouvé je ne sais quoi de trop plantureux et de trop terrestre ; pour moi, je l'admirais telle qu'elle était dans la force de sa santé, dans la richesse de son sang. Il faut toujours saluer la beauté, quel que soit son caractère.

C'était l'opinion de Gontran. Il avait aimé Lucie dans sa pâleur maladive, dans sa structure nerveuse et délicate : il aimait Mlle de Marcy dans sa force souriante.

Ce lui fut une vraie joie de la retrouver aux Italiens ; elle adorait la musique et en parlait avec passion. On jouait *la Somnambule* : pour la première fois, il comprit Bellini.

— C'est beau et bon, lui dit-il en se penchant vers elle, d'écouter une telle musique en vous regardant.

— Vous feriez mieux de regarder Mlle Patti.

Je vous fais grâce de toutes les galanteries que débita Gontran. Mlle de Marcy s'y laissa prendre parce que c'était le cœur qui parlait.

Gontran était à mille lieues de Lucie, comme si son amour pour elle eût été une farce des Bouffes. L'amour qu'il ressentait déjà pour Mlle de Marcy était profond, sérieux, poétique comme la musique de Bellini.

La jeune fille était si franche qu'elle ne mit pas de masque pour causer. Elle trouvait Gontran charmant, parlant de tout sans pédanterie, avec une pointe d'esprit parisien. Ce n'était pas un bellâtre, il eût fait mauvaise figure dans la boutique d'un perruquier, ou sur le socle de l'Apollon du Belvédère, mais partout ailleurs on le remarquait par sa tête expressive. S'il ne faisait rien, on jugeait qu'il aurait pu faire quelque chose. Combien de soldats qui n'ont pas brûlé une amorce et qui auraient pu devenir des héros !

Ce soir-là, Gontran fut irrésistible. Quand Mlle de Marcy fut seule dans sa chambre, elle chanta doucement le grand air de la Patti, comme si les paroles d'or de Gontran résonnaient encore à son oreille.

— Décidément, dit-elle en s'endormant, *la Somnambule* est le plus beau de tous les opéras.

Et durant toute la nuit, elle fut la somnambule de l'amour ; en dormant elle voyait Gontran, elle voyageait avec lui dans le pays des songes.

Elle se vit avec une couronne de mariée, mais un corbeau becquetait les fleurs d'oranger.

XVI.

DU DANGER D'ÉCRIRE DES LETTRES.

Mlle de Marcy avait dit à Gontran qu'elle était forcée d'accompagner sa mère au bal de la cour. Gontran avait songé à y aller lui-même, mais sa sœur lui représenta qu'il était encore en plein deuil. La journée lui parut bien longue.

— Après tout, se dit-il, puisque je n'aime plus Lucie, je puis bien aller la voir.

Il la trouva dans son escalier qui descendait pour aller au Bois.

— Viens-tu avec moi ? lui demanda-t-elle.

Devant Lucie, on sait que Gontran manquait de volonté. Il lui donna la main pour aller dans le coupé et y monta lui-même comme s'il eût obéi.

— Qu'est-ce que cela fait ? se disait-il. On ne me verra pas ; je laisserai la glace levée et je resterai blotti dans mon coin comme une statue dans sa niche.

— Il demanda à Lucie si elle espérait rencontrer son prince.

— Peut-être, lui répondit-elle. Et toi, qu'as-tu fait de ta princesse ?

— Je ne l'ai pas vue.

— Eh bien, je l'ai vue, moi, et je t'ai vu avec elle. Dieu merci, cela formait un joli groupe. Je ne doute pas qu'on n'expose cela au prochain salon ; on appellera ce groupe Roméo et Juliette, Héro et Léandre, Abélard et Héloïse.

— Où as-tu vu ce beau spectacle ?

— La belle question ! dans une avant-scène des Italiens.

— Comment as-tu pu jouer aux Bouffes et être aux Italiens ?

— C'est mon secret. Eh bien, Dieu merci, ce n'est pas une héroïne de roman, ta princesse ! On dirait une belle cuisinière. Tudieu, quel torse ! des reins à dormir debout ! Et des pieds pareillement, sans doute, mais je ne les ai pas vus. Tu prendrais une si forte femme pour toi seul ? Allons donc ! il y en a pour quatre.

— Chut ! dit Gontran avec impatience, je te défends de parler ainsi.

— Ah ! c'est une madone, il faut faire le signe de la croix ! Mais, mon cher, tu ne sais donc pas qu'il n'y a plus de madone. Avec sa beauté, haute en couleur, elle ne vaut pas mieux que moi — et Dieu sait ce que je vaux. — Tu t'imagines peut-être que c'est avec son argent qu'elle se paye une avant-scène aux Italiens ?

— Je suppose que ce n'est pas avec le tien.

— Peut-être, car si celui qui lui en donne ne lui en donnait pas, j'aurais de plus beaux chevaux.

On était au beau milieu de l'avenue de l'Impératrice, dans le flux et le reflux des voitures. Il était impossible de mettre pied à terre, car c'était le vrai jour du Lac.

Gontran ne voulait pas que Lucie achevât sa phrase ; il leva la main pour étouffer la parole sur ses lèvres injurieuses, il la regarda comme pour la foudroyer des yeux. Il ne savait que faire pour ne pas éclater, dans sa fureur il piétinait à défoncer le coupé.

— Est-ce ma faute, reprit Lucie avec hauteur, si la vérité t'offense ? Tu ne connais pas ton Paris, mon cher. Je ne dis pas qu'il n'y ait encore quelques vierges au Sacré-Cœur, destinées à faire des quêteuses pour les pauvres ou des châtelaines sans tache ; mais le siècle marche, sache-le bien ; si l'argent est un bon serviteur, c'est un mauvais maître ; il faut qu'on lui obéisse, quoi qu'il en coûte. Je ne lui en veux pas, à cette demoiselle : elle a fait comme tant d'autres. Est-ce que tu m'en as voulu parce que je t'ai aimé ?

Dans l'esprit de Gontran, quoique son cœur fût

encore en révolte, le doute, l'horrible doute, avait succédé à l'indignation. Lucie parlait d'un air calme, avec l'accent convaincu de la vérité. Était-ce la maîtresse jalouse ? Était-ce la femme qui se venge ? Était-ce la comédienne qui dit un rôle ?

— Écoute ! reprit-elle, tu comprends que ce n'est pas une calomnie au vent ; je veux que tu voies de tes yeux et que tu entendes de tes oreilles. Où sera ce soir cette demoiselle ?

— Cela ne te regarde pas.

— Voyons, des impertinences quand je veux te montrer la lumière ! Tu n'es plus galant. Moi, je sais où elle sera ce soir. Où t'a-t-elle dit qu'elle irait ?

Gontran répondit malgré lui :

— Au bal de la cour.

— Tu crois cela, toi ?

— Oui, je crois cela, moi !

La comédienne parut réfléchir.

— Après tout, il n'est pas impossible qu'elle aille d'abord à la cour. Mais sais-tu où elle ira ensuite ?

— Oui, je le sais : elle ira chez elle.

— Si j'en crois tes yeux : elle s'enveloppera dans son innocence et se couchera dans sa vertu. Eh bien, mon cher, c'est une belle illusion qu'il faut t'arracher du cœur.

— Et où ira-t-elle, s'il te plaît ?

— C'est tout simple : elle ira voir son amant.

Gontran saisit la main de Lucie et l'étreignit dans une main de fer.

— C'est bien, monsieur, tuez-moi ! dit-elle simplement.

Gontran eut honte et jeta la main comme s'il la jetait par la portière.

On était au bout du Lac. Pour ne pas regarder Lucie, il avança un peu la tête devant la glace.

Le hasard joue un jeu qu'on ne connaîtra jamais.

A cet instant Gontran vit Mlle de Marcy qui faisait un signe de main vers un groupe de cavaliers. L'amoureux jugea que le signe de main était bien familier. Et, comme la jalousie trouble les yeux, il crut voir que la jeune fille rougissait. A tout autre moment, tout cela lui eût paru bien naturel, peut-être n'eût-il rien remarqué ; mais après les révélations de Lucie il sentit l'inquiétude le ronger.

— Eh bien ? tu es content, lui dit la comédienne. Tu as vu ton amoureuse ?

— Ne parlons plus d'elle.

Lucie vit bien que ce qu'elle avait dit portait coup.

— Ne parlons plus d'elle ! mais j'ai voulu te mettre sur tes gardes, je t'estime trop pour te laisser descendre jusque-là d'épouser une fille qui apportera en mariage l'argent de l'amour.

— Tu es folle !

— Je la connais mieux que tu ne la connais. Tu la connais par le théâtre, moi je la connais par les coulisses.

— Tu ne sais ce que tu dis, il y a des calomnies qui courent le monde, mais qui n'ont pas de prise sur les esprits sérieux. Quelque fat aura parlé d'elle devant toi...

— Quelque fat ! Veux-tu que je te la fasse voir avec son amant ?

— Je te dis que tu me fais pitié.

— Eh bien, épouse-la, et va commander tes lettres de faire part passage du Grand-Cerf.

On fut quelque temps sans se dire un mot.

Gontran avait l'esprit troublé ; il repoussait tout indigné la calomnie, mais il se rappelait que déjà quelques paroles malséantes avaient été dites devant lui, non pas sur Mlle de Marcy, mais sur sa mère. Il y avait peu de temps que ces dames étaient revenues de Florence, la ville du pardon.

— L'Italie garde ses madones pour elle, pensa Gontran. Il ne serait peut-être pas impossible que quelque prince interlope ait connu à Florence Mlle de Marcy vers sa quinzième année.

Il se retourna vers Lucie :

— Parle ! lui dit-il d'un air décidé. Que sais-tu ?

— Je ne sais rien, lui répondit-elle froidement.

Et elle se retourna vers la portière.

Du danger d'écrire des lettres.

L'homme le plus énergique chancelle dès que son cœur est en jeu. Au lieu de se fortifier dans son amour, Gontran, qui n'était pas d'ailleurs l'homme le plus énergique, s'abandonnait mollement au doute, à l'horrible doute. Il eut beau questionner Lucie, elle ne voulut plus dire un mot.

— Montes-tu? lui dit-elle quand ils furent dans la cour de son hôtel.

— Non, lui dit-il, je prends ton coupé.

— Pour aller chez elle?

— Tu sais bien que c'est pour aller chez moi.

Gontran n'était pas dans son cabinet depuis une demi-heure qu'il recevait déjà ce petit mot de Lucie.

« *Cher aveugle,*

« *Prends ta lorgnette. Entre minuit et une heure*
« *du matin je serai au Café Anglais, si tu n'es*
« *venu me chercher au théâtre. J'en ai appris de*
« *belles. Tu sais qu'on soupe à la Cour à une*
« *heure. On a retenu le n⁰ 12 au Café Anglais,*
« *on soupera là, — dans le silence du cabinet. —*
« *Il faut bien se recueillir quand on a valsé. Si*
« *tu me promets d'être sage, de ne pas dire un*
« *mot, de voir les choses philosophiquement, je te*
« *ferai assister à ce spectacle.* »

Gontran froissa la lettre et la jeta avec fureur.

Mais il la ramassa et la relut.

— C'est impossible ! dit-il.

Et il regarda dans son souvenir cette belle et franche figure de Mlle de Marcy, ce brave sourire, ce loyal regard.

— C'est impossible ! dit-il encore.

Il descendit chez sa sœur.

— Dis-moi, sais-tu l'origine de la fortune de Mlle de Marcy ?

— Non. Je me souviens vaguement avoir ouï dire que Mme de Marcy était une forte tête et qu'elle avait joué sur la rente italienne.

— Joué !

— Tu te récries comme si c'était un crime !

— Je n'aime pas les mères qui jouent.

— C'est pourtant bien innocent.

— Pas tant que cela.

— Il faut bien remuer son argent, quand on en a. La vie est un jeu éternel.

— Je te trouve bien philosophique, qu'as-tu donc aujourd'hui ?

— Est-ce que tu as peur de toucher à la dot de Mlle de Marcy, ô stoïcien de la Maison d'Or ! tu obligeras peut-être sa fortune à faire quarantaine ?

— Trêve de raillerie. C'est que je me fais du mariage une si grande idée que je veux y arriver avec toute ma foi.

— Je comprends. Vous êtes tous si pervertis par les mauvaises femmes, que vous craignez de n'en pas trouver qui soient dignes de vous faire faire pénitence. Eh bien! mon cher frère, s'il y en a encore une, c'est M{^lle} de Marcy.

Gontran remonta chez lui décidé à n'aller point au Café Anglais.

Mais nul ne s'étonnera quand je dirai qu'à minuit il prenait Lucie dans sa loge pour aller souper avec elle au Café Anglais.

— Tu ne croyais pas que je viendrais? lui dit-il.

— Moi! je n'en ai pas douté un seul instant. La preuve, c'est que j'ai donné cinq louis au garçon du n° 12 pour qu'il ouvre la porte vers une heure quand nous passerons dans le corridor; par malheur, je n'ai pu avoir un cabinet dans le voisinage, il nous faut monter au-dessus.

Gontran marchait comme dans un rêve.

— Et cependant, se disait-il, Lucie se trompe. Elle croit à la fatuité de quelque sot qui se vante comme ils le font tous. Ce n'est pas moi qui serai confondu, c'est elle, quand on ouvrira la porte et que M{^lle} de Marcy ne sera pas là.

Il ne voulait pas souper; il ne mangea que des hors-d'œuvre, du raisin, des mandarines. Mais, sans trop y regarder, il but trois ou quatre coupes de vin de Champagne.

— Une heure! s'écria tout à coup Lucie. Voilà le spectacle qui va commencer.

Gontran se leva.

— C'est étonnant, dit-il, je trébuche comme si j'étais ivre.

— C'est l'émotion.

— Non, c'est le vin.

Il regarda le cachet.

— C'est étonnant, d'avoir bu si peu de Mumm et d'être si troublé.

— Après cela, dit Lucie, c'est l'heure où le Café Anglais commence à perdre la tête.

On criait, on chantait, on riait dans tous les cabinets. Paris nocturne donnait là le diapason de sa folie.

Lucie avait sonné pour avertir le garçon du n° 12.

— Charles! vous avez deux amoureux au n° 12.

— Oui, madame, on en parle à Pontoise.

— S'amuse-t-on un peu?

— Il y a de la tenue dans Landernau.

— La dame est-elle belle?

— Les uns disent que oui. Une robe décolletée, je ne vous dis que cela.

Gontran frappa du pied.

— Eh bien! hâtons-nous, dit-il.

Et il passa devant. Il alla droit à la porte du n° 12, comme s'il dût entrer.

— Chut! dit Lucie en le retenant, ce n'est pas

Du danger d'écrire des lettres.

ton secret ni le mien. On ouvrira la porte, tu regarderas, mais tu passeras. Sinon, allons-nous-en ; c'est assez de duels comme cela. Et puis tu ne veux pas faire un pareil scandale.

Lucie avait dit tout cela très-vite, pendant que le garçon prenait sa clef.

Il ouvrit.

Gontran regarda et passa.

Qu'avait-il vu ?

— C'est bien elle, n'est-ce pas ? lui dit Lucie en l'entraînant.

— Je ne puis y croire, répondit-il avec stupeur.

— Tu l'as revue avec ses belles épaules, sa robe bleue, sa parure de corail rose. Voilà qui n'est pas riche ! Mais enfin il est convenu que les jeunes filles doivent être simples. As-tu remarqué qu'elle n'avait pas l'air de s'ennuyer ? A la guerre comme à la guerre !

Gontran n'écoutait pas ce que disait Lucie. Il descendait rapidement l'escalier pour ne pas obéir à son indignation, car il aurait voulu retourner au nº 12 et y entrer dans sa pâleur, comme la statue du festin de Pierre.

— Et quand on pense qu'elle était là comme chez elle ! murmurait-il entre ses dents. Et avec qui ! le coude sur la table, écoutant les impertinences de cet idiot ! Je le tuerai.

Et se tournant vers Lucie :

— C'est un prince, dis-tu, cet animal aux cheveux ardents renversé sur la table et faisant la roue avec son nez en trompette ?

— Oui, mon cher, un prince. Il n'est pas beau, mais il est doré sur tranches.

On était dans la rue.

— Où vas-tu ? demanda Lucie à Gontran.

— Chez toi.

Gontran questionna longtemps Lucie.

— Mais comment savais-tu donc que Mlle de Marcy irait souper ce soir au Café Anglais ?

— Tu sais bien, mon cher, que je vois le meilleur monde ; on cause autour de moi ; dans les coulisses, il n'y a pas de secrets : l'un parle de sa sa femme, l'autre parle de sa maîtresse ; celui-ci donne des nouvelles au journaliste, celui-là raconte en secret la chronique scandaleuse. Rien n'est caché à Paris ; tout homme a son confident, c'est toujours le secret de la comédie : or, je suis aux premières loges pour tout entendre.

— Après avoir vu, je ne crois pas encore.

— Eh bien ! moi, je croirais sans voir, parce que je connais mieux les femmes que toi. Tu t'imagines volontiers que parce qu'il y a des femmes perdues, il y a des femmes inaccessibles. Mon cher ami, la femme qui résiste est celle qui n'a pas encore trouvé son maître.

— Tu as lu cela dans La Bruyère, toi ?

Gontran ne voulait pas être convaincu.

— Après cela, reprit Lucie, il y a deux maîtres pour vaincre une femme : celui qui apporte l'amour et celui qui apporte l'argent. Qui te dit que ta demoiselle n'a pas courbé la tête devant la fortune ? Es-tu bien sûr que c'est sa mère qui paye ses robes ? Es-tu bien édifié sur la dot qui lui est promise ? J'ai soupé plus d'une fois avec des étrangères anonymes qui n'avaient pas peur de nous autres, parce qu'elles savent bien que nous n'allons pas dans le monde pour les reconnaître. Écoute, si tu ne veux pas me croire, je t'en ferai voir bien d'autres.

Et Mlle Lucie, qui ne doutait de rien, soutint son plaidoyer par ces paroles :

— Veux-tu que je te fasse souper avec elle et avec moi ?

— Oui ! dit Gontran, comme s'il voulait descendre au fond de son chagrin.

Mais après un silence :

— Non ! reprit-il, comme s'il ne voulait pas boire la honte de Mlle de Marcy.

XVII.

QU'IL Y A DES COUPS DE PLUME QUI SONT DES COUPS D'ÉPÉE.

Le matin, Gontran se fit cet aveu, qu'en reprenant possession de sa maîtresse, il n'avait pas retrouvé son amour.

Lucie dormait quand il s'éveilla ; un sillon de lumière matinale tombait sur la chevelure éparse de la comédienne. Il pensa à cette belle chevelure où tant de fois il avait respiré l'ivresse, sinon le bonheur; il approcha ses lèvres et n'y trouva plus le parfum charmeur.

Il aimait Mlle de Marcy.

Il eut beau se représenter cet horrible spectacle de la nuit, cette jeune fille décolletée, les coudes sur la table, riant des sottises que lui débitait son compagnon d'aventures, le mépris venait jusqu'à son cœur, mais sans tuer cet amour naissant qui avait pris de fortes racines.

Gontran ne réveilla pas Lucie.

Tout à sa jalousie, décidé à chercher le mot de cette énigme, il courut chez son ami Raoul d'Oraie qui ne manquait pas un bal de la cour et qui connaissait Mlle de Marcy.

Il lui fallut le réveiller.

— Dis-moi, Raoul, je vois à ton épée et à ton chapeau à cornes que tu as dansé cette nuit dans la salle des Maréchaux : as-tu rencontré Mlle de Marcy ?

— Oui, je lui ai fait la cour pour toi. Que le diable t'emporte pour réveiller si matin un homme qui n'a pas manqué une valse !

— Tu as valsé avec elle ?

— Oui, j'aime les femmes de cette envergure; j'ai peur des plumes au vent qui s'envolent de vos mains au premier tour.

— Est-ce que ces dames étaient au souper ?

— Non. J'ai valsé avec Mlle de Marcy vers onze heures et demie, je lui ai demandé à valser encore, mais elle m'a dit qu'elle ne serait plus là à la prochaine valse.

— Où allaient-elles donc ?

— C'est le secret des dieux ; il faut le demander à sa mère ou à elle-même. Je crois qu'elles allaient tout simplement se coucher. Ah çà ! tu en es donc amoureux ? Dis-moi, la succession de ton amour est ouverte chez Lucie ? Diable ! tu as des héritiers par là. C'est égal, je t'en félicite, tu fais bien de changer de patrie. A quand la noce ?

— Il n'est pas question de la noce. Je trouve Mlle de Marcy charmante, mais les bans ne sont pas publiés. — Adieu, je te reverrai au Bois — si tu te réveilles aujourd'hui.

Gontran courut chez Mlle de Marcy.

La jeune fille habitait avec sa mère un second étage de la rue de Provence. Elles étaient là dans ce luxe cosmopolite qui est plutôt un campement qu'un intérieur. La mère et la fille aimaient le monde plus que leur maison ; on attendait que Mlle de Marcy fût mariée pour songer à faire son nid. L'appartement était décoré dans la froide architecture d'il y a vingt ans. Des salons blancs dorés, cadres et pâtes d'un mauvais dessin, lourde corniche où couraient quelques maigres brindilles, et là dedans des meubles de toutes les paroisses, bois de palissandre, bois de rose, bois de tuya, tout cela hurlait ensemble avec des ornementations maladroites ; des pendules de pacotille, des tableaux de contrebande, des jardinières à la douzaine, vous voyez d'ici le décor.

En s'approchant de la maison, Gontran se rappela cet intérieur qui l'avait attristé ; il était allé là deux fois avec sa mère et s'y était déplu, quoique, au premier abord, Mlle de Marcy lui eût paru charmante.

— C'est vrai, murmura-t-il, que cet appartement

ne m'inspire pas toute confiance, il y manque l'intimité du chez soi. Et pourtant si, comme dit Lucie, il y avait un amant on n'habiterait pas un appartement mais un hôtel.

Il entr'ouvrit la porte du concierge.

— Mesdames de Marcy ?

La portière regarda Gontran avec quelque surprise.

— Mais, monsieur, ces dames ne reçoivent jamais avant midi.

— Je le sais bien. Mais ma mère voulait les prendre pour aller à la messe. Sont-elles rentrées tard du bal de la cour ?

— Il était bien trois heures du matin.

— Je croyais que Mme de Marcy ne se couchait jamais si tard ?

— Madame, c'est possible, mais mademoiselle.

Cette femme berçait un enfant malade. Gontran lui donna cinq louis.

— Tenez, cela portera bonheur à votre petite fille.

Il était entré tout à fait dans la loge, voulant questionner encore, quoiqu'il eût honte de descendre à cette inquisition.

— Est-ce qu'il y a longtemps que ces dames habitent la maison ?

— Il y a six mois.

— Elles reçoivent très-peu ?

— Dieu merci ! c'est un va-et-vient perpétuel. Toutes les nations montent l'escalier.

Gontran savait que Mme de Marcy vivait surtout dans le monde international.

— Est-ce qu'on n'a pas parlé d'un mariage ?

— Je ne sais pas ; j'ai seulement remarqué un étranger qui vient souvent et qui a l'air d'être chez lui là-haut, mais je ne sais pas si c'est pour la mère ou pour la fille.

Gontran n'en demanda pas davantage.

— C'est cela, dit-il, Lucie ne me trompait pas. Comment ma mère ne jugeait-elle pas mieux ces femmes ?

Avant de sortir il se retourna vers la portière.

— Ces dames sont-elles sérieusement riches.

— Oh ! pour cela oui. Il y a du désordre, mais c'est une bonne maison, on roule sur l'or et on paye argent de poche.

Gontran courut chez sa mère.

— Eh bien ! j'en ai appris de belles sur Mlle de Marcy.

— Que dis-tu ? Je ne te comprends pas.

— Je te comprends bien moins encore, toi ! Avoir ouvert ton salon, que dis-je, ton cœur à ces femmes-là !

— Tu deviens fou !

Gontran raconta à sa mère comment Mlle de Marcy avait quitté le bal de la cour avant le souper, parce qu'elle devait souper au Café Anglais, comment il l'avait vue, comment elle n'était rentrée qu'à trois heures du matin, comment il était désespéré.

— Ma mère, dit-il, ce qu'il y a de plus triste dans tout cela, c'est que je l'aime ! c'est que je suis jaloux ! c'est que je suis furieux !

Mme Staller n'en revenait pas; elle appela sa fille.

Quand la calomnie frappe une femme, fût-elle blanche comme la neige inaccessible, il s'élève contre elle, par la malice des choses, tout un acte d'accusation. Elle a rougi, donc elle est coupable. Elle n'a pas rougi, c'est qu'elle ne rougit plus. Sa candeur ? c'est un masque. Son ingénuité ? il n'y a plus d'ingénues. Si on vous accuse d'avoir pris les tours de Notre-Dame, fuyez devant la justice, vous qui êtes un homme ; si on vous accuse d'avoir forfait à la vertu, pleurez, vous qui êtes une femme.

Mlle Staller défendit son amie avec l'éloquence du cœur, mais les jaloux ne veulent jamais être convaincus, du moins par l'innocence.

— Écoute, dit la jeune fille à son frère, nous allons aller tout de suite chez Mlle de Marcy, tu la questionneras elle-même, je ne veux pas que tu portes cinq minutes de plus dans ton cœur cet odieux soupçon.

Gontran refusa.

— Je ne la soupçonne pas, je l'accuse ! dit-il.

Tout est fini, je ne veux plus la voir. Ah ! vous ne savez pas vous autres tout ce que Paris renferme d'abîmes et de mystères.

Mme Staller rappela comment elle avait connu ces dames de Marcy.

C'était chez une Américaine, où il y avait plus de luxe que de tenue. A Paris l'amitié va vite, parce qu'elle ne dure pas. Mme de Marcy avait beaucoup d'entrain, sa fille était musicienne comme la musique, Mme Staller avait été ravie de cette bonne rencontre ; on s'était revu souvent ; de la sympathie à l'intimité il n'y a qu'un pas. Mais du passé il n'avait jamais été question.

Mlle Staller défendait toujours son amie, mais Mme Staller se laissait peu à peu convaincre par les raisonnements de son fils.

— Écoute, lui dit-elle, puisque nous devons aller chez ces dames ce soir, nous les étudierons de plus près.

Gontran ne sachant que faire monta chez lui. Retournerait-il chez Lucie ? Il se sentait emporté vers Mlle de Marcy. Il ouvrit un tiroir d'un petit dressoir en chêne sculpté, où il jetait toutes ses lettres, lettres d'amour et lettres d'affaires, chaque page de sa vie. Il fouilla dans ce capharnaüm.

La première lettre qui le frappa fut une lettre de son notaire qu'il n'avait qu'entre-lue.

— Oh ! mon Dieu, dit-il, j'allais oublier !

Son notaire lui avait prêté quelque argent, dix mille francs à peine, mais il les demandait avec instance. Nul n'est moins prêteur qu'un notaire.

— Dix mille francs ! où veut-il que je les trouve !

Gontran avait vécu au jour le jour, empruntant de toutes mains, se promettant sans cesse de mettre fin à son désordre, comme tous ceux qui seront sages demain. Pour la première fois de sa vie il se résigna à poser des chiffres. Il fit des additions, mais les soustractions s'échelonnaient à côté pour battre les additions.

Il jeta la plume avec effroi.

— Mais il ne me reste plus rien ! dit-il.

Il pensa à Mlle de Marcy.

— C'était mon salut !

Et après un silence.

— Si je voulais bien, ce serait encore mon salut.

Il soumit son cœur à ce combat de l'honneur et de l'argent ; il pensa que le monde était peuplé de gens qui se portent bien dans les capitulations de conscience ; il regarda autour de soi et pénétra dans toutes ces âmes perdues qui bravent la dignité.

— Eh bien, non ! dit-il, j'aime mieux mourir.

Il voyait toujours Mlle de Marcy dans ce numéro 12 du Café Anglais.

Mais comment a-t-elle pu venir là ?

Il pensa qu'elle subissait peut-être la peine d'une première faute, un de ces égarements de jeunes filles dont elles n'ont pas encore conscience. Qui sait si elle n'était pas forcée d'obéir à la loi du plus fort? Peut-être avait-elle connu cet homme en Italie, peut-être se résignait-elle à le voir pour acheter son silence, se jetant plus avant dans le scandale, par la peur du scandale. Ou bien était-elle la victime de quelque marché infâme signé par sa mère, un contrat d'infamie où l'un apporte sa bourse, où l'autre apporte son corps? Ou bien n'était-elle qu'une de ces filles complaisantes qui, en horreur de la misère, se soumettent au déshonneur caché, pour le salut de la maison?

C'était à devenir fou. Connais-toi toi-même, dit la sagesse des nations : or l'homme ne se connaît pas. Et comment connaîtrait-il la femme, le symbole éternel du bien et du mal? La femme, qui a écouté l'esprit du démon sous l'œil de Dieu?

Il était midi; à cette heure-là Mlle de Marcy recevait une petite lettre anonyme, pattes de chat qui avaient l'air de jouer, mais qui devaient marquer leurs griffes empoisonnées.

« Mlle de Marcy est-elle contente de sa nuit?
« Bal à la cour! souper au Café Anglais! train
« de plaisir pour rentrer chez elle! On suppose
« qu'elle avait emporté dans sa robe une fleur du
« beau Gontran : il fallait bien que tout le monde
« fût de la fête. Il n'y a que les filles du monde

« *qui savent s'amuser : on dit que les autres leur*
« *prennent leurs amants. Quelle calomnie! Ce*
« *sont elles qui prennent les amants des autres.*
« *C'est déjà une vieille habitude chez Mlle de*
« *Marcy.* »

La jeune fille en lisant cette lettre devint pâle comme la mort et s'évanouit en voyant apparaître l'image de Gontran.

La mère accourut, souleva sa fille dans ses bras et lui fit respirer des sels, tout en jetant un regard rapide sur la lettre qui était tombée à ses pieds.

Le même jour une amie officieuse vint faire une visite à Mme de Marcy.

— Eh bien! vous ne nous disiez pas la nouvelle!

— Quelle nouvelle ? demanda Mlle de Marcy avec inquiétude.

— N'est-ce pas moi qui vais vous l'apprendre ? C'est mal de ne pas nous avoir confié cela plus tôt.

— Je ne comprends pas.

— Vous épousez M. Gontran Staller; pourquoi nous cacher votre bonheur ?

— Vous êtes mieux informée que nous, dit Mme de Marcy.

— Je vous en fais mon compliment; bonne famille, beau garçon, un peu toqué des comédiennes, mais il faut que jeunesse se passe. Ces hommes ! le meilleur n'en vaut rien ! Je suis ravie de ce mariage, mais pourtant j'ai trop d'amitié pour vous pour ne pas vous dire tout ce que je sais.

— Encore une fois, ce mariage est dans les brouillards. Mais enfin que savez-vous donc ?

— Je sais que M. Gontran Staller, le meilleur des fils et des frères, je n'en disconviens pas, a mangé tout ce qu'il avait et un peu ce qu'il n'avait pas. On dit que la dot de sa sœur est entamée et que sa mère se ruinera à payer ses dettes. Ce n'est pas mon fils qui s'acoquinera jamais à des comédiennes !

Et pendant que la mère et la fille se regardaient, toutes surprises de cette révélation, la dame continuait à parler de son fils. Un ange, celui-là ; aussi il avait été élevé par les Jésuites, il avait horreur du théâtre, il était assidu à la messe et au sermon ; il ne sortait jamais seul, en un mot, un saint.

— Je vous avoue, dit Mlle de Marcy, qui voyait bien que la dame voulait placer son saint, que je serais très-fière et très-heureuse d'épouser M. Gontran Staller, n'eût-il pas un sou. S'il a des dettes nous les payerons, n'est-ce pas, maman ?

Mme de Marcy embrassa sa fille toute pâle encore de la lettre anonyme.

On sait que le soir toute la famille Staller devait venir passer deux heures chez les dames de Marcy.

Mlle de Marcy se fit belle, plus belle que jamais. Les fatigues de la nuit et le chagrin de la journée l'avaient pâlie, ce qui donnait à sa beauté je ne sais quoi de tendre et d'émouvant. Depuis qu'elle aimait Gontran, il y avait d'ailleurs dans toute sa figure une expression plus pénétrante.

Elle ordonna au valet de chambre d'aller dire au portier que sa mère n'y était pour personne, hormis pour la famille Staller.

A neuf heures, elle se mit au piano et joua des airs de *la Somnambule;* sa mère était là qui lui souriait en lisant les journaux du soir. A dix heures, on s'étonna de ne pas avoir entendu sonner.

A dix heures et demie, Mlle de Marcy avait abandonné le piano et soulevait le rideau d'une des fenêtres du salon pour regarder passer les voitures.

A onze heures, elle ouvrit la fenêtre pour respirer, Mme de Marcy était endormie.

On apporta le thé.

— Êtes-vous bien sûr, demanda Mlle de Marcy au valet de chambre, que ces dames Staller ne sont pas venues ?

— Oui, mademoiselle, j'en suis bien sûr, car la

portière, qui vient de monter pour savoir s'il faudrait veiller tard, m'a dit que personne n'était venu, si ce n'est le marquis d'Asti.

— Tu sais qu'elles sont toujours en retard, dit Mme de Marcy, qui ne regardait pas la pendule.

Mlle de Marcy attendit encore.

A minuit, elle se jeta dans les bras de sa mère en s'écriant :

— Ah! que je suis malheureuse!

La nuit elle ne dormit pas; le lendemain, à l'heure du déjeuner, l'heure où elle espérait rencontrer Gontran, ella alla à pied, accompagnée de sa femme de chambre, à l'hôtel Staller.

Elle monta chez la sœur de Gontran. Elle vit bien tout de suite que tout était perdu pour elle.

Mlle de Staller se mit à pleurer et lui confia, tout en ne voulant rien dire, ce que son frère lui avait raconté.

Mlle de Marcy l'écouta jusqu'au bout, comme si l'indignation lui coupait la parole.

Puis après un silence, elle se leva et laissa tomber ces mots d'une voix fière :

— Votre frère a dit cela? J'ai honte pour lui. Votre frère est allé pour me voir dans un cabinet du Café Anglais! Il a cru qu'il me trouverait là! Il a dit qu'il m'avait vue! Qu'est-ce donc que votre frère? C'est une âme de laquais. Quoi! j'ai pu aimer cet homme ! Mais je ne le relèverai jamais de mon mépris. Adieu, mademoiselle ! car vous n'imaginez pas, je suppose, que je descendrai jusqu'à me défendre.

Mlle de Marcy sortit sans retourner la tête.

La rage avait envahi son cœur, Gontran se fût trouvé là qu'elle l'eût souffleté. Elle aurait voulu s'abîmer sous terre.

Elle porta la main à son cœur :

— J'en mourrai ! dit-elle.

XVIII.

LE CADRE NOIR DU BONHEUR.

M.

Vous êtes prié d'assister aux Convoi, Service et Enterrement de mademoiselle Clotilde de Marcy, *décédée en son domicile, rue de Provence, à l'âge de vingt et un ans, munie des Sacrements de l'Église, qui se feront le 24 janvier 1869, à onze heures, en l'église Notre-Dame-de-Lorette, sa paroisse.*

De la part de madame veuve Clémentine de Marcy, *sa mère; de M. André de* Marcy, *de M. Gaston de Presles, de M. et madame Santini, de M. le marquis de Chavan, ses aïeul, oncle, cousins et cousines.*

Cette lettre tomba comme un coup de foudre dans la société parisienne.

— Morte ! se disait-on, elle était donc malade ?

Et on se rappelait cette belle santé tout épanouie dans les premières fêtes de l'hiver. Si parmi toutes ces femmes qui étaient alors la joie et le charme des salons parisiens, on eût prédit une mort prochaine, certes le regard ne se fût pas arrêté sur Mlle de Marcy. Celle-là vivait à plein cœur, le sang coulait riche et généreux dans ses veines, l'âme rayonnait sur sa figure ; toutes les mères la regardaient avec jalousie et avec amour, selon qu'elles avaient des filles ou des fils.

A la messe de mort, Mlle Staller pleurait de vraies larmes.

— Pourquoi pleurez-vous ? lui dit tout à coup une dame qui était devant elle.

Elle ne voulait pas répondre à cette étrange question qui était pourtant moins étrange pour elle que pour toute autre.

— Je pleure, murmura-t-elle, parce que c'était mon amie.

— Votre amie ! C'est vous qui l'avez tuée. Vous ne savez donc pas qu'elle est revenue de chez vous désespérée par ce que vous lui avez dit ? Une fièvre violente l'a prise, elle s'est couchée en arrivant dans sa chambre ; je l'ai vue ce soir-là, j'ai eu beau la questionner, elle s'est renfermée dans un silence absolu. La nuit, le délire l'a saisie ; elle était blessée au cœur, le cœur a éclaté et l'a tuée. Que lui avez-vous donc dit ?

Mlle Staller ne trouvait pas une parole.

— Elle aimait mon frère, je lui ai dit que mon frère ne l'aimait pas.

— Oh! non, ce n'est pas cela. On ne meurt pas de n'être pas aimé, on meurt d'être calomnié.

Mlle Staller baissa la tête et pria Dieu. Ah! comme elle regrettait d'avoir parlé à cœur ouvert!

— Hélas! murmurait-elle, mon frère est donc bien malheureux, puisque tout ce qu'il fait tourne à mal !

Le matin même, on avait averti Mme Staller que son fils avait beaucoup perdu à la Bourse. Voilà pourquoi, déjà souffrante, elle n'était pas allée à la messe de mort de Mlle de Marcy.

Dès que la dépouille mortelle fut arrachée à Mme de Marcy, la malheureuse mère courut à moitié folle chez Mme Staller.

— Où est votre fils ? lui dit-elle tout égarée.

— Ne me parlez pas de mon fils ! c'est un enfant perdu pour moi.

— C'est un monstre et c'est un lâche, dit Mme de Marcy. Puisque les paroles blessent mortellement, je voudrais le blesser moi-même, mais il ne m'entendrait pas, car il n'a pas de cœur.

Les deux mères se désolèrent ensemble pendant que la mort emportait la fille et tentait le fils.

A l'heure des funérailles, Gontran, fou de douleur, avait armé un pistolet.

Il ne lui restait plus qu'une consolation : c'était de faire le funèbre voyage avec cette adorable créature qu'il aimait éperdument depuis quelques jours.

Mais trois fois il appuya le pistolet sur sa tempe, trois fois il le reposa sur la cheminée, effrayé de se voir si pâle.

Fut-ce le courage qui manqua à Gontran ? Avait-il oublié d'embrasser sa mère et sa sœur ? Voulait-il dire adieu à Lucie ?

Non. Il voulait pénétrer le mystère du souper du Café Anglais.

XIX.

L'ABÎME ROSE.

Pendant quelques jours, Gontran resta enfermé dans l'hôtel. Il ne recevait pas un ami, ne paraissait devant sa mère et sa sœur qu'à l'heure du dîner. Il ne déjeunait pas. A peine s'il se faisait monter le matin une tasse de thé ou de chocolat.

Que faisait-il dans cette solitude voulue ? Pleurait-il Mlle de Marcy ?

Il s'accusait de sa mort, il se frappait le cœur à grands coups, il se désespérait de vivre.

— Et pourtant, disait-il, ce n'est pas ma faute ! Puisqu'elle était coupable, tôt ou tard elle aurait vu sa honte et s'y serait ensevelie, car elle avait gardé son cœur.

Et il la plaignait. Lui qui était indulgent aux femmes parce qu'il avait aimé les pécheresses, il trouvait que Mlle de Marcy n'était pas moins intéressante d'être morte pour avoir regardé son péché face à face, que pour avoir été frappée par la calomnie.

— La calomnie ne tue pas, disait-il, parce que la conscience est une cuirasse impénétrable.

Et Gontran répétait sans cesse :

— Et d'ailleurs ne l'ai-je pas vue dans cet horrible cabinet qui porte le numéro 12 !

Quelquefois il se disait :

— Et si ce n'était pas elle !

Mais il voyait encore cette figure épanouie, cette chevelure de plume de corbeau tout égayée de corail, ces yeux de velours vaguement égarés par cette gaieté nocturne qui jaillit de l'amour et du vin de Champagne.

La conclusion de toutes ses réflexions fut que Mlle de Marcy avait eu un amant qu'elle n'aimait pas, peut-être par surprise, peut-être pour faire sa fortune.

Le jour où elle l'avait rencontré, lui Gontran, elle avait senti toute l'horreur de sa faute. Peut-être n'avait-elle revu son amant que pour briser, peut-être se fût-elle consolée dans le mariage, en remontant les sphères radieuses des vertus de l'épouse et de la mère. Mais Gontran ayant découvert son secret, que lui restait-il ? Elle perdait son amour, elle voyait sa honte face à face, elle se jetait tout égarée dans cette fièvre et ce délire qui devaient l'emporter en quelques jours.

Donc, dans l'esprit de Gontran, Mlle de Marcy

était morte parce qu'elle l'aimait et parce qu'elle avait eu un amant.

Ce fut dans ces idées qu'il alla plusieurs fois rêver sur sa tombe, au Père-Lachaise, sur les hauteurs que domine le monument du duc de Morny.

Le nom de la jeune fille n'était pas encore inscrit sur le marbre. On l'avait mise au sépulcre à côté de son père, dont la dépouille mortelle avait été ramenée de Florence six mois auparavant. Plusieurs fois on avait demandé à Mme de Marcy ce qu'il fallait mettre sur le marbre ; elle cherchait des épitaphes, mais elle ne trouvait pas le mot éloquent.

Un jour que Gontran était penché contre le sarcophage, Mme de Marcy arriva avec un bouquet de violettes.

Reconnaissant Gontran, elle lui jeta un regard terrible et lui demanda d'une voix glaciale ce qu'il faisait là.

— Je pleure, dit Gontran.

— Je vous défends de vous approcher de cette tombe ! Puisque je vous ai défendu ma porte, vous ne devez pas venir ici. Vous ne sentez donc pas que ma fille souffre jusque dans la tombe des outrages de votre calomnie ?

Gontran s'éloigna involontairement, parce qu'il ne savait que répondre.

— C'est étrange, disait-il, la mère ne savait donc

rien ? Ce n'était donc pas une question d'argent ?

Il retourna chez Lucie qui ne l'attendait plus.

Il lui fallut faire antichambre ; il se soumit à tout, comme s'il eût perdu dans son chagrin ce qui lui restait d'énergie.

— Bonjour, Gontran, lui dit Lucie, gaie comme toujours ; j'étais triste de ne plus te voir. D'où viens-tu donc ? Tu pleures mes péchés ?

— Peut-être, répondit Gontran qui ne savait plus sur quel pied marcher dans cet hôtel qu'il avait donné à la comédienne.

— Et qui te ramène aujourd'hui ? Je suppose que ce n'est pas moi.

— Peut-être, dit encore Gontran.

— Voyons, parle ! Je ne te reconnais plus. Comme tu as pâli ! Veux-tu venir me voir poser dans ma chambre ? Eugène Deschamps fait mon portrait pour le prince***.

Gontran soupira :

— Dis-moi, Lucie, il faut à toute force que je voie cet étranger qui soupait au n° 12 du Café Anglais.

— Pourquoi ?

— Parce que je veux savoir toute la vérité, parce que j'en ai assez de la vie et que ce serait une bonne fortune pour moi d'être tué d'un coup d'épée.

— Ah çà ! tu es malade ?

Lucie prit la main de Gontran et lui tâta le pouls.

Il tressaillit et sentit que son cœur se réveillait. Il croyait n'aimer plus Lucie, mais ce terrible magnétisme qu'elle jetait sur lui comme un ensorcellement, le troublait déjà jusqu'au fond de l'âme.

— Écoute ! je ne veux pas qu'un homme que j'ai aimé finisse mal. Reviens à toi.

— Non ! dit tristement Gontran.

— Eh bien ! reviens à moi. Je suis grande, je te pardonne mes péchés.

Elle embrassa son ex-amant.

— Tu sais bien que c'est impossible, dit Gontran. N'es-tu pas avec le prince*** ?

— Qu'est-ce que cela fait ?

La comédienne dit ce mot de caractère comme elle l'eût dit sur les planches.

— Va ! reprit-elle, le prince est bon prince. Ne te coupe pas la gorge ni avec lui ni avec ton autre rival ; d'ailleurs, celui-là est à cette heure à Hombourg, où sans doute il va lever quelque autre étrangère de qualité. Il est né pour ces aventures-là. Veux-tu dîner avec moi ? Mais, de grâce, ne parlons plus jamais de cette histoire. Tu m'as plantée là fort indélicatement, je ne sais pas pourquoi ; tu es bien heureux que le prince soit survenu, sans cela je t'aurais fait des misères. Où diable as-tu passé ton temps ? Car, si j'ai bonne mémoire, je t'ai écrit et on m'a rapporté ma lettre.

Gontran vit bien que Lucie ne savait pas la mort de Mlle de Marcy; il n'en parla pas encore, comme s'il eût craint de profaner la pauvre morte.

Il se décida à dîner avec la comédienne.

— Mais si le prince vient?

— Le prince sera chez moi, mais tu seras chez toi.

Lucie pensait, en femme de tête qu'elle était toujours, que si le prince survenait et qu'il se plaignît de trouver là Gontran, ce serait une bonne rencontre pour elle, car elle lui dirait : « Mon cher prince, je ne serai tout à fait libre et heureuse que si vous m'achetez un autre hôtel; d'autant plus que celui-ci n'est pas digne de vous. »

Et ainsi elle arriverait à son idéal d'avoir un hôtel dans la grande avenue des Champs-Élysées, ce qui est le pignon sur rue des ambitieuses d'aujourd'hui.

Le soir, Gontran ne rentra pas chez lui. — Ni le lendemain. — Ni le surlendemain.

Où était-il?

Mme Staller, dans son inquiétude, se hasarda à envoyer à l'hôtel de la rue de Courcelles. Gontran n'y était pas. Elle envoya chez un de ses amis, Raoul d'Oraie, le seul qu'il eût revu dans les derniers temps; il ne lui avait pas dit tous ses secrets, mais peut-être Raoul d'Oraie avait-il deviné?

Il vint voir Mme Staller, il s'attrista comme elle sur la déchéance de son fils. Tout en voulant lui cacher le mal profond qui dévorait Gontran, il ne lui dissimula pas qu'il passait presque toutes ses nuits à la Maison d'Or.

Il n'avait plus le droit de coucher à l'hôtel de Lucie !

Voilà pourquoi Gontran reçut une lettre de sa mère avec cette suscription : *Monsieur Gontran Staller à la Maison d'Or.*

Gontran n'était pas le seul à qui l'on pût alors écrire ainsi. Cette vie impossible, on la connaît bien. Elle commence le soir. On fume, on divague, on joue. Minuit sonne, c'est l'heure où viennent les demoiselles ; on fume, on divague, on joue. J'oubliais : on soupe. On touche à tout d'une lèvre sceptique. Le vin de Champagne, les propos féminins, les éclats de rire répandent une gaieté factice sur tous ces cœurs malades. Vient le point du jour : puisque le soleil va se lever, il faut bien se coucher un peu. On prend la première venue pour ne pas s'en aller seul. Je parle de ceux qui, comme Gontran, ont un amour qui les poursuit, un chagrin qui les abat, un remords qui les frappe. On se lève vers deux heures, on se traîne au cercle, on joue ou on regarde jouer quand on n'a plus d'argent. On dîne çà et là, mais on se retrouve toujours à la Maison d'Or, si ce n'est au Café Anglais.

Gontran en était arrivé à s'abandonner à tous les courants ; il avait jeté sa conscience à la mer pour alléger le navire. Il vivait avec l'une et avec l'autre, on pourrait presque dire de l'une et de l'autre ; on savait qu'il avait été riche, on croyait qu'il le redeviendrait. Il y a des femmes qui, comme les usuriers, placent de l'amour à gros intérêts ; il y en a qui s'estiment si bien, qu'elles ne croient rien donner en se donnant : c'est toujours une nuit de passée dans le bagne des mauvaises passions condamnées à perpétuité.

Gontran, qui avait juré à sa mère de ne plus revoir Lucie, n'avait pas osé rentrer à la maison après s'être laissé reprendre aux maléfices de cette charmeuse. Il vivait au jour le jour, à la nuit la nuit, n'ayant plus le souci de sa dignité, parce qu'il n'avait plus le souci du lendemain. Il se disait qu'il ne lui restait qu'un ami : son pistolet. Il ne doutait pas qu'il ne retournât à ce dernier ami.

Mais s'il ne se l'avouait pas, il faut bien que celui qui conte son histoire l'avoue. Il s'était repris plus violemment que jamais à l'amour de Lucie ; il avait beau vouloir se défendre de son souvenir : quoi qu'il fît, elle était toujours présente. S'il ouvrait un journal, il y trouvait ses faits et gestes ; s'il écoutait causer autour de lui, on parlait de la comédienne. Le soir, entre neuf et dix heures, il allait sans le savoir reprendre son fauteuil d'orchestre. Il éprouvait une volupté déchirante à entendre les applaudissements, à voir tomber les bouquets. Lucie était son œuvre, mais Lucie n'était plus à lui. Il eût peut-être éprouvé la même volupté à entendre les sifflets éclater autour d'elle.

Ceux qui s'indigneront de le voir si lâche en cette passion qu'il ne pouvait vaincre, ont peut-être passé à côté des passions sans les traverser. Il ne faut pas oublier que Lucie était belle. — Ni âme ni cœur, dira-t-on. — Mais les chefs-d'œuvre de l'art ! Et puis, si elle ne l'avait pas aimé, il croyait qu'elle l'avait aimé : en amour, la réalité n'est rien, l'illusion est tout. N'était-ce donc rien, d'ailleurs, de lui avoir inspiré tant d'amour ? Si son cœur avait vécu, n'était-ce pas par elle ? Le vers de Voltaire sera éternellement vrai dans sa beauté; je veux le citer encore :

« C'est moi qui te dois tout, puisque c'est moi qui t'aime. »

Mais comment Gontran n'avait-il pas le courage de s'arracher à cette passion qui ne pouvait plus lui donner que la honte ? Quand il allait chez Lucie, n'était-il pas comme ces pauvres honteux, ces amis anciens tombés dans la misère, à qui on donne les miettes du festin de l'amour ? Là où il avait été maître, comment s'humiliait-il jusqu'à devenir un mendiant ? C'est que l'amour est tout à la fois souverain et esclave : combien de fois, après avoir joui de son triomphe, descend-il jusqu'à baiser les chaînes de sa servitude !

S'il restait à Gontran un peu d'orgueil, il le mettait en sa religion pour Lucie; il était ému par le bruit qui retentissait autour d'elle et qui venait toujours jusqu'à lui ; il faisait bon compte de ce tapage éphémère d'une comédienne, mais enfin il s'y laissait prendre comme tout le monde.

En ce temps-là la renommée posait comme par raillerie ses couronnes sur la tête de quelques comédiennes et de quelques courtisanes; les généraux étaient au second plan, comme si les batailles de l'amour fussent plus héroïques que les victoires sur l'ennemi; non-seulement les généraux, mais les hommes politiques, les diplomates, les poëtes, les artistes. Chaque fois qu'une étoile était découverte dans le ciel contemporain, c'était l'étoile d'une grande coquine. Que faire à cela? N'a-t-on pas vu se produire les mêmes phénomènes dans l'antiquité? Combien d'olympiades à Athènes qui ne brillent encore aujourd'hui que par la splendeur des courtisanes? Combien de grands hommes qui sont oubliés, combien de grains de poussière quand la lampe funéraire des Aspasies et des Phrynés brûle toujours ?

C'est l'injustice et l'imperfection du monde qui prouve le ciel — l'autre monde.

Gontran était donc retombé, je ne dirai pas dans toutes les ivresses, mais dans toutes les angoisses de son amour.

Lucie consentait à le revoir cà et là. Mais un soir, dans les coulisses, elle lui dit :

— Ne viens plus chez moi, le prince est jaloux.

— Et moi aussi, je suis jaloux, dit Gontran, voulant se relever à la hauteur du prince.

Lucie se mit à rire — d'un rire diabolique.

— Ah! tu es jaloux? lui dit-elle, voilà la ressemblance ; mais le prince me donne huit mille francs par mois, et tu ne me donnes rien, voilà la différence.

XX.

LA DÉCHÉANCE DE L'AMOUR.

Gontran fut bien plus malheureux encore. Il chercha des consolations contre l'amour dans les amours. Mais il ne trouvait que l'amertume et le désespoir.

Si Lucie l'eût aperçu rôdant autour de son hôtel après une nuit sans sommeil, attendant l'heure où elle allait aux répétitions, sans doute elle lui eût encore fait l'aumône de son sourire, quelque cruelle qu'elle fût, mais comme elle était toujours en retard quand elle sortait, elle jetait les yeux sur son rôle sans regarder autour d'elle. Gontran, d'ailleurs, avait quelque retenue et ne se mettait pas sous les pieds des chevaux.

Un matin pourtant, elle l'aperçut pâle, triste, fripé.

— Que diable vient-il faire là ? dit-elle.

Elle lui fit un petit signe de main, sans comprendre que c'était la passion elle-même qui venait pleurer sous ses fenêtres.

Le comte d'Aspremont rencontra un jour Gontran pâle, sombre, effaré, cachant son désespoir non loin de l'hôtel de Lucie.

Le pauvre affolé ouvrit son cœur à d'Aspremont :

— Je n'y tiens plus, il faut que je revoie Lucie, lui dit-il avec des larmes dans les yeux.

— Voyons, mon cher, tu me fais pitié ! Un enfant serait plus fier que toi. Je t'en conjure, au nom de ta mère et de ta sœur, redeviens un homme.

— Il faut que je revoie Lucie une dernière fois.

— Et où veux-tu la revoir ?

— Au théâtre. J'ai lu dans le journal qu'elle jouera ce soir dans un nouveau rôle.

— C'est cela, je te vois d'ici : les bravos et les bouquets vont te monter à la tête.

— Non ! prête-moi cinq louis.

— Tiens, voilà cinq louis. Pourquoi faire ?

— Pour acheter des gants.

— Tu sais qu'on est désespéré chez toi. Conduis-toi en brave homme ; passe par le théâtre, mais n'oublie pas de rentrer chez toi.

Les deux amis se dirent adieu.

Gontran n'acheta pas de gants : il dépensa trois louis pour trois bouquets ; il donna vingt francs à un pauvre — un fétiche ! — et il garda vingt francs pour les donner à l'ouvreuse, non-seulement parce qu'elle ferait jeter les bouquets, mais encore parce qu'elle porterait un mot à la comédienne pendant l'entr'acte.

Il ne voulait plus compromettre son nom; c'était un billet anonyme; le voici :

« *Te souviens-tu ? Un jour tu lisais un roman ;*
« *tu as lu ceci tout haut : — Qu'est-ce que vivre ?*
« *C'est se souvenir. — Souviens-toi.* »

Mais Lucie ne se souvenait pas. Le souvenir, c'est bon pour ceux qui ont le temps de retourner en arrière.

Lucie respira-t-elle les bouquets de Gontran ? Peut-être. Ce furent les seuls qu'on lui jeta ce soir-là. Reconnut-elle son écriture ? Peut-être. Elle chiffonna le billet et le jeta en disant : « Les hommes sont fous. »

Gontran voulait se hasarder, non pas dans les coulisses, mais au foyer des acteurs. Il n'osa pas; comme depuis quelque temps il ne songeait plus à se bien habiller, Lucie jugerait qu'il n'était pas digne d'une première représentation où elle jouait.

Le fauteuil d'orchestre qu'il avait loué pour l'hiver, il lui avait fallu le sous-louer un soir qu'il manquait de dix louis. C'était un de ses amis qui le lui avait repris. Ce soir-là, il avait obtenu qu'il le lui cédât pendant un acte. Le lendemain il redemanda le fauteuil, mais celui qui l'avait repris refusa brutalement, disant :

— C'est ennuyeux, j'ai l'air d'être dans tes meubles.

Quelques jours se passèrent. La ruine étendait ses ailes d'oiseau de nuit sur l'hôtel Staller. Gontran revit sa mère et jura de relever la fortune de la maison. Que fit-il pour cela ? il joua à la Bourse ! Il croyait retrouver là tout ce qu'il avait perdu chez Lucie. Naturellement, il perdit encore ; ils s'obstina, il perdit toujours. C'est mathématique : à la Bourse, il n'y a que l'argent qui gagne de l'argent. Il aurait pu nier ces nouvelles dettes de jeu, puisque la Bourse est pleine de gens qui se sont enrichis en ne payant pas ; mais Mme Staller voulut payer.

Un matin, on posa des affiches sur l'hôtel Staller : *Vente par licitation*, disaient ces affiches, mais la vérité, c'est que les héritiers de M. Staller ne pouvaient plus vivre dans son hôtel.

Rien n'était plus désolé que cet intérieur où tout le monde gardait le silence. Mme Staller, voulant sauver son fils du désespoir où elle le voyait retomber sans cesse, perdait trop de vue sa fille qui s'étiolait dans le chagrin. C'était navrant : on se privait de tout, on avait vendu les chevaux et les voitures ; on ne recevait même plus les intimes. Mme Staller, qui réservait ses bijoux à sa fille, alla un matin chez un joaillier et rapporta de quoi payer une des dettes de Gontran.

Elle appela son fils, s'enferma avec lui et lui apprit ce qu'elle avait fait.

— Ah ! j'oubliais, lui dit-elle en l'embrassant, j'ai un dernier cadeau à te faire. J'ai acheté pour toi ce livre-là.

Et elle lui donna l'*Imitation de Jésus-Christ*.

Gontran ouvrit le volume comme un homme qui ne sait plus lire.

— Hélas ! dit la mère, je vois bien que tu ne comprends pas un mot. Cette malheureuse fille a donc ruiné ton cœur et ton esprit comme elle nous a ruinés !

Gontran regardait sa mère et ne répondait pas.

— Tu ne la vois plus, j'espère ?

Un triste sourire passa sur les lèvres de Gontran.

— Non, je ne la vois plus. Mais tu ne la connais pas encore : si j'allais chez elle, elle me ferait mettre à la porte.

Ce jour-là, par désœuvrement, après avoir vainement feuilleté l'*Imitation*, Gontran sortit et alla rue de Courcelles. Il était curieux de savoir si son ancienne maîtresse le recevrait.

Il avait lu dans les petits journaux que Lucie avait fait une fortune nouvelle avec un prince étranger — toujours des princes. — Celui-ci s'était amusé pour la première nuit — des noces — à lui envoyer une corbeille de mariage avec un livre de messe renfermant trois cent soixante-cinq pages en billets de banque. — Jusqu'où ne va pas la profanation ! —

Quand Gontran entra à l'hôtel il se trouva en pays étranger ; la dame avait renouvelé son personnel. On lui demanda son nom ; il voulait passer outre, mais, se contenant, il donna sa carte.

— M. Staller ! se dit le laquais à lui-même, en voilà un qui ne sera pas reçu, car nous ne recevons que des gens titrés.

Il revint bientôt dire à Gontran que Madame était occupée.

— Je l'avais bien prévu, dit celui qui avait acheté l'hôtel.

Il ne se tint pas pour battu, il reprit une bouffée d'énergie. Il entra résolûment au salon et dit au laquais qu'il fallait que Madame descendît.

Lucie ne se fit pas trop attendre. Elle entra au salon avec impatience et en fronçant le sourcil.

— Que venez-vous faire ici, Gontran ?

— Je viens pour vous voir, Lucie.

— Vous m'avez bien assez vue comme cela, Gontran. Autre temps, autre femme ; ce qui est passé est passé. Quand je vous aimais et que vous m'aimiez, nous avions raison de nous voir, mais aujourd'hui nous n'avons ni l'un ni l'autre de temps à perdre.

— Oui, dit Gontran en essayant de railler, le temps, c'est de l'argent.

— Refaites votre fortune et ne me faites pas perdre la mienne.

Lucie savait que Gontran était plus que ruiné.

— Dites-moi, Gontran, si vous êtes venu pour me demander de l'argent, parlez.

— Te demander de l'argent !

Gontran, qui s'était assis, s'était levé et s'était jeté furieux vers Lucie ; il la saisit par les deux mains et la fit voler autour de lui comme dans une valse infernale !

— Te demander de l'argent ! dit-il encore, mais il me faudrait un verre d'eau pour m'empêcher de devenir enragé que je ne te le demanderais pas !

Lucie s'était échappée des mains de Gontran et avait sonné.

— Reconduisez Monsieur, dit-elle, redevenue brave.

Il fallait tuer la femme ou s'en aller.

Gontran s'en alla.

XXI.

LA FÊTE SOUS LE CYPRÈS.

Le lendemain, c'était la fête de Lucie.

L'hôtel de la rue de Courcelles fut assailli de bouquets. Le prince, qui payait bien, voulut que les musiciens de l'orchestre des Bouffes allassent donner une aubade à sa beauté, quoiqu'il plût à verse.

Lucie n'avait jamais été si heureuse. Elle triomphait au théâtre, elle triomphait au Bois, elle triomphait des demi-mondaines pour toute la saison, car où trouver un prince aussi fou que le sien ?

Ce jour-là, vers midi, Mlle Staller dit à sa mère en se mettant à table pour déjeuner :

— Tu n'as pas vu Gontran ?

— Non, mais je sais qu'il est dans sa chambre. Je l'ai vu tout à l'heure à sa fenêtre.

— Pourquoi ne vient-il pas ?

Sur ces mots Gontran parut au seuil de la salle à manger.

— Dépêche-toi, Gontran, lui dit doucement sa mère. Nous irons tout à l'heure au Père-Lachaise. Ne viendras-tu pas avec nous?

— Au Père-Lachaise? Oui, oui, j'irai, dit Gontran.

Il embrassa sa mère et sa sœur.

— Eh bien, tu ne te mets pas à table?

— Tout à l'heure. Commencez. Je remonte pour chercher des cigarettes.

Et Gontran sortit.

— Comme il est pâle! n'est-ce pas, maman?

— Si Dieu ne se met pas avec lui, nous ne le sauverons pas.

Gontran n'était pas remonté pour chercher des cigarettes. Il était à la dernière station de sa croix, il voulait mourir. Son pistolet — le pistolet de Lucie — l'attendait.

Il ne prit même pas la peine de s'enfermer.

— Oui, dit-il encore en prenant le pistolet, oui, j'irai au Père-Lachaise.

La femme de chambre, qui passait devant la chambre de Gontran, s'écria :

— Monsieur Gontran, que faites-vous là ?

— Chut! dit Gontran, c'est un duel à mort. Pas un mot.

Il lui montra le pistolet.

— C'est tout ce qui me reste de ma fortune.

— Oui, dit cette fille. Et on sait bien qui vous l'a donné.

— Il va me porter bonheur !

Une détonation retentit dans l'hôtel Staller.

Il sembla à la pauvre mère que c'était pour elle le coup de la mort ; elle courut à la chambre de son fils avec le pressentiment de son malheur.

Elle vit Gontran renversé sur le tapis : le sang coulait. Elle cria, elle se jeta sur son fils, elle voulut l'embrasser... A peine si elle retrouva une figure...

L'*Imitation de Jésus-Christ* était sur sa table, mais il ne l'avait pas ouverte.

Près de l'*Imitation*, quand Mme Staller revint à elle dans les bras de sa fille, elle reconnut l'écriture de Gontran.

— Lis-moi cela, dit-elle à la jeune fille.

Mlle Staller lut ces quelques mots écrits d'une main fiévreuse :

« *Adieu ma mère, adieu ma sœur. Je vais deman-*
« *der pardon à mon père.* »

— Non, ce n'est pas cela, dit la mère, il y a une autre lettre.

— Où ?

— Je te dis qu'il y a une autre lettre.

Mme Staller voyait par la seconde vue.

La fête sous le cyprès.

En remuant les papiers de la table, Mlle Staller trouva en effet un pli cacheté avec cette suscription:

*A Monsieur
Raoul d'Oraie.*

— Dans cette lettre, dit la mère, il y en a une autre, car Raoul était le confident de Gontran.

Elle brisa le cachet et trouva en effet un autre pli cacheté à l'adresse de Lucie.

— Je lirai cette lettre! s'écria la mère.

Elle brisa le cachet et lut ces lignes :

« *Réjouis-toi, Lucie! Tu ne verras plus ma
« figure qui eût sans doute fait ombre à ton bon-
« heur. Quand tu liras ces mots, je me serai fait
« justice. J'ai oublié de te demander mes lettres;
« Raoul ira pour les prendre et les brûler, si tu ne
« les as brûlées toi-même. Sois loyale devant ma
« mort. Tu m'as dit que tu avais toujours gardé ce
« bouquet fatal, qui a été ma ruine et qui a fait le
« malheur de tous les miens : porte-le sur mon
« tombeau et respire ces violettes, que je t'envoie
« par Raoul. La mort n'inspire pas la haine. Elle
« inspire le pardon. Adieu ! sois heureuse et rap-
« pelle-toi que nous nous sommes bien aimés. Je*

« *me tue avec le pistolet que tu m'as donné, car*
« *tu m'as donné l'amour et la mort.*

« Gontran. »

— Oh! la folie de l'amour! La folie! la folie! la folie! dit la mère en laissant tomber la lettre et en s'agenouillant devant son fils.

XXII.

LE SPECTRE AU BANQUET.

Quand Raoul d'Oraie se présenta, selon la dernière volonté de Gontran, chez Mlle Lucie pour lui remettre un bouquet de violettes, avec la lettre d'adieu, et lui redemander les lettres du mort, elle jeta ce cri bien digne de l'histoire :

— Comment! il s'est tué! Il s'est tué le jour de ma fête! Comme s'il n'aurait pas pu attendre à demain!

La comédienne avait ce jour-là un dîner de douze couverts; elle avait invité les plus beaux noms de la jeunesse dorée. Combien qui allaient lui en vouloir de n'avoir point reçu d'invitation! mais elle avait dit d'avance :

— Il ne faut pas qu'on soit treize.

Gontran était le treizième.

Elle eut peur de s'attendrir en lisant sa lettre; il ne faut pas avoir pleuré un jour de fête. Elle pria donc Raoul de revenir le lendemain « pour s'occuper de cette affaire. »

Le jeune homme sortit, pensant combien un amoureux tient peu de place, par sa vie et par sa mort, chez une coquine qu'il a adorée.

Lucie ne remit pas sa fête au lendemain. Vers le soir les bouquets s'amoncelèrent dans les salons.

Les violettes de Gontran furent noyées sous les camélias et les roses.

Tous les convives répondirent à l'appel, on se mit à table vers huit heures.

— Mon cher ami, dit la maîtresse de la maison à un de ses convives, vous apportez à la fête une figure triste. Un peu de gaieté, s'il vous plaît.

C'était le comte d'Aspremont.

— En vérité, dit-il amèrement, je m'étonne de m'étonner encore.

Le comte d'Aspremont était un caractère au milieu de ces jeunes fous lancés à toute bride au steeple-chasse des aventures. Il avait un profond sentiment de la justice. Il voulait remettre tout le monde à sa place. Revenu de tout, il aspirait à l'idéal du bien, mais il n'avait pas le courage de briser avec les hasards de la vie parisienne. Sans préjugés de caste et de fortune, il avait sa théorie politique; mais il la trouvait un peu trop révolutionnaire pour qu'il se mît à l'œuvre sociale.

Orphelin, il avait mangé sa fortune patrimoniale

au jeu des cartes et au jeu des femmes. Mais il n'avait pas pleuré sur ses ruines. Passant un jour de chasse devant une de ses terres vendue par ses créanciers il s'écria, comme je ne sais plus quel beau prodigue : « Ah comme je te mangerais bien encore. »

Ce fut tout le regret qu'il exprima.

Il y a un dieu pour les enfants prodigues. A peine ruiné il fit un héritage miraculeux dont on a beaucoup parlé en 1868. Cette fois il rêva un mariage de raison avec sa fortune, ne se préoccupant plus que de trouver une femme qui fût pour lui l'image du bonheur et de la vertu. Qui le croirait? il est marié!

Le bruit de la mort de Gontran s'était répandu en quelques heures dans la jeunesse parisienne. Un sentiment d'amère curiosité avait poussé d'Aspremont à venir prendre sa place au dîner de Lucie. Il ne la portait pas dans son cœur, mais il la voyait à peu près comme on va au Jardin des Plantes pour voir les monstres.

Il ne pouvait comprendre que la comédienne n'eût pas fait relâche, quoiqu'il la connût bien.

Il mit sans façon les pieds dans le plat — porcelaine de Saxe et de Sèvres.

— Ma foi! dit-il, je trouvais très-naturel, ma chère Lucie, que vous fissiez changer le spectacle pour ce soir à cause de votre fête, mais franchement j'aurais trouvé plus naturel encore qu'on fît relâche ici.

Lucie ne se démonta pas.

— Mon cher, la vie a ses exigences : je prendrai le deuil demain pour vous être agréable.

Elle lança un regard terrible à d'Aspremont.

— Oui, vous prendrez un deuil de cour : un jour en grand deuil et un jour en petit deuil.

Lucie avait toujours la réplique :

— Eh bien ! votre ami sera traité comme un prince.

Ce prologue du dîner avait jeté le froid du linceul sur toute l'assistance. Quoique Lucie eût renouvelé son monde comme elle avait renouvelé ses gens, nul n'ignorait que cet hôtel, où ils dînaient tous, avait été donné à la comédienne par Gontran. Cette passion au grand jour avait fait assez de tapage pour que les épisodes les plus brillants eussent encore de l'écho. Certes, Gontran ne devait pas laisser un souvenir à travers les siècles comme Alcibiade, Alexandre ou César, mais enfin, il était bien naturel que le jour de sa mort on parlât de lui, d'autant plus que sa mort fut une des pages les plus accentuées de sa vie.

On s'efforça de parler de tout autre chose. Lucie, qui avait l'art de conduire la conversation à travers les obstacles comme elle conduisait cavalièrement ses deux chevaux anglais dans le flot d'équipages dès grandes avenues, voulut ramener l'esprit de ses hôtes sur le théâtre. On parla des soleils couchants de Mlle Duverger et des soleils levants de Mlle Cora Pearl dans les mêmes horizons étoilés de diamants; mais on eut beau évoquer les images les plus lumineusement gaies du monde galant, un mot imprévu ramenait toujours la pâle figure de Gontran. Il avait été l'ami de tout le monde, il avait un peu touché à tout; on avait beau remuer les mots les plus étrangers, son nom sortait toujours.

Un seul des convives, d'Aspremont, était silencieux et regardait la comédienne avec autant d'attention que s'il eût été au spectacle.

Quel spectacle, en effet, pour lui qui vivait dans le tourbillon, mais qui prenait le temps d'étudier les femmes?

Cependant le vin de Champagne frappé, retour de Russie, et le vin du Rhin mousseux, estampillé Johannisberg, versé dans les coupes dès la première entrée, selon la mode déjà consacrée dans les plus hautes maisons, avait monté la tête à tous les convives, hormis au comte d'Aspremont.

Lucie, emportée elle-même par les premiers tourbillons de l'ivresse, s'abandonna à une belle inspiration :

— Tant pis! s'écria-t-elle, bravons la mort face à face. J'ai lu les philosophes, moi! Le tombeau est une porte ouverte; Gontran a déjà pris sa stalle dans un nouveau monde où il y aura des spectacles peut-être tout aussi sérieux que les Bouffes Parisiens. Ne le plaignez pas. Nous ne pleurons pas nos amours qui meurent; c'est la vraie mort, puisqu'ils ne renaîtront pas. Pourquoi pleurer les hommes, puisqu'ils renaîtront?

— Lucie a raison, dit un convive, ce n'est pas la vie qui est un voyage, c'est la mort.

Lucie partit d'un vif éclat de rire.

— Ce pauvre Gontran! il en a vu de cruelles avec moi; mais où il n'y a pas de peine, il n'y a pas de plaisir. C'est ma devise. Entre autres farces, je lui ai joué une bonne comédie, mais je ne la dirai pas.

— Contez-nous donc cela! dit son voisin, un quasi-ambassadeur qui connaît bien les femmes.

— Non, j'ai juré que je ne le dirai pas.

— A qui avez-vous juré cela?

— A moi-même.

Et la comédienne qui perdait la tête frappa de la main sur son cœur.

— Il n'y a personne là, allez toujours, vous pouvez parler, dit son voisin de droite, le célèbre Trois-Étoiles, qui fait la pluie et le beau temps dans la politique du soir.

Tout le monde déclara que Lucie était relevée de son serment envers elle-même.

— Oh! après tout, c'est bien innocent, dit-elle. Je croyais que je l'aimais encore.

— Parce que vous ne l'avez jamais aimé, murmura d'Aspremont.

— Silence! Figurez-vous qu'un beau jour il m'annonce son mariage avec une demoiselle de je ne sais plus quoi, forte en couleur et forte en argent. Le soir, je m'échappe entre deux actes, je me fais conduire, tout encapuchonnée, dans les coulisses des Italiens; que vois-je! injuste ciel! mon Gontran qui filait le parfait amour de profil et de trois quarts. La jeune vierge était belle, mais un peu rouge. En croirai-je mes yeux! m'écriai-je, c'est la femme de chambre de Rosa. En effet, c'était à s'y méprendre : le même visage surmonté des mêmes cheveux, un noir d'Espagne sur du carmin. Mais vous connaissez tous la femme de chambre de Rosa!

— Oui, dit un convive qui voulait placer un mot; si j'étais l'amant de Rosa, je changerais les rôles.

— Dans ma jalousie, il me vint deux idées, la première c'était la plus sensée, aussi je ne m'y arrêtai pas. Jugez plutôt : prendre cette fille à mon service pour dégoûter Gontran de la fille à marier.

— Oui, mais, dit l'obstiné convive, vous auriez eu peur qu'il se trompât.

— Moi!

Un beau point d'exclamation! Lucie laissa tomber un regard dédaigneux, comme s'il était impossible qu'on la confondît jamais avec une femme de chambre.

— Moi, reprit-elle, je n'ai jamais habité les mansardes.

Elle aurait voulu retenir ces mots, car bien qu'elle fût à moitié ivre, elle vit que ses convives se regardaient et avaient l'air de se rappeler son habitation du rez-de-chaussée.

— Continue, dit le prince, tu m'intéresses.

— Je m'arrêtai donc à la seconde idée, parce que je n'en trouvai pas une troisième. J'avais sous la main un de mes anciens amants qui n'avait rien à faire parce qu'il n'avait plus d'argent. Je lui donnai vingt-cinq louis.

— Ah! diable! vous payez bien vos trucs et vos spectacles.

— Chut! si on m'interrompt, je ne conte pas l'histoire.

On fit silence.

— Donc, je donnai vingt-cinq louis à l'homme et je lui dis : voilà la femme — style Victor Hugo. — La femme, c'était la femme de chambre de Rosa. Je lui dis : « Quelle que soit la vertu de cette fille, tu me réponds sur ta tête qu'elle sera ici ce soir avant que j'aille aux Bouffes. Je veux l'habiller moi-même, lui faire sa figure, lui crêper le chignon, lui blanchir un peu les bras et les mains, lui donner des airs du monde, lui apprendre les belles manières, après quoi, comme elle sera digne de toi, mon cher, tu iras souper avec elle au n° 12 du Café Anglais. » L'homme voulait comprendre, mais je lui dis : « Cela ne te regarde pas. Vers une heure du matin, tu t'arrangeras pour que la femme soit gaie et amoureuse; la porte du cabinet s'ouvrira, tu prendras des airs de pacha retour de Paphos; je veux donner à un de mes amis ce spectacle. J'ai dit. » Croiriez-vous que l'homme fit quelques façons ?

— Tu t'étonnes de cela, toi ? dit le prince.

— Oui, je m'étonne toujours qu'on refuse cinq cents francs pour aller souper. Je lui jetai le billet, il le chiffonna d'une main dédaigneuse, mais il le mit dans sa poche. — C'est convenu, dit-il, je donnerai ces cinq cents francs-là à cette fille. — Et il ajouta d'un air de grand seigneur désabusé : — Mais cela ne m'oblige à rien.

De tous les convives, le seul qui écoutât avec une vraie curiosité, c'était Georges d'Aspremont. Il avait enfin le mot de la mort de Mlle de Marcy.

Il voulut éclater, mais il se contint.

— Comme vous êtes pâle, dit Lucie qui avait fait le tour de la table du regard pour voir si son histoire intéressait.

— J'écoute, dit le comte. C'est beau. continuez.

— N'est-ce pas que c'était une jolie invention ?

Je sais bien que sous les Romains il y eut une pareille histoire, — Valéria, tragédie en cinq actes et en vers, jouée par Mlle Rachel; — sous Louis XVI, il y eut la célèbre comédie du collier. J'ai voulu, moi aussi, créer une situation aux auteurs dramatiques de l'avenir.

— Eh bien! demanda le prince, qu'arriva-t-il?

— Ce qui arriva! c'est qu'à une heure du matin je passai avec Gontran, la porte du n° 12 s'ouvrit, nous vîmes ce touchant tableau : une femme de chambre, dressée par moi aux belles manières, qui jouait de l'éventail avec un ci-devant crevé.

— Et que dit Gontran?

— Gontran! Il fut à l'instant même guéri de sa fantaisie pour le mariage. Je me trompe, car il me redemanda ma main et je le conduisis à mon lit nuptial.

Lucie avait conté cette histoire — qui avait mis au tombeau Mlle de Marcy dans ses vingt ans et dans son amour, qui avait tué le matin même Gontran, — avec la désinvolture d'une femme qui avait vu cela au théâtre ou qui aurait lu cela dans *le Figaro* ou dans *le Gaulois*.

Pas un accent du cœur, pas une expression de l'âme!

Cependant Georges d'Aspremont s'était levé, pâle et terrible.

— Pourquoi vous levez-vous? lui demanda Lucie

d'un air distrait, sans prévoir le moins du monde ce qu'il allait lui dire.

— Pourquoi je me lève! s'écria-t-il, parce que cette table est maudite.

Il souleva la nappe et renversa les verres de quatre ou cinq convives.

— Vous êtes fou ! dit le prince, se levant à son tour.

D'Aspremont lui jeta sa serviette.

— Pourquoi je me lève! reprit-il, ne voulant répondre qu'à Lucie, je vais vous le dire. Je suis venu ici parce que je vais partout; mais je ne veux pas rester devant la calomnie qui tue. Je vous savais cruelle à froid, je ne vous savais pas homicide. Savez-vous ce que vous avez fait avec votre odieuse comédie du Café Anglais? Vous avez tué Mlle de Marcy. Et c'est parce que vous avez tué Mlle de Marcy que M. Gontran Staller s'est tué ce matin.

Lucie fut frappée à vif par cette apostrophe. Elle tenta de masquer son émotion par un sourire.

— Ne riez pas ! lui cria Georges d'Aspremont exaspéré.

Il courut à elle comme une bête fauve; il était hors de lui, il l'eût brisée à ses pieds; mais on se jeta sur son passage.

— Il faut lui mettre la camisole de force, dit Lucie,

Et elle courut se réfugier, souriant toujours, dans les bras du prince.

D'Aspremont prit une poignée de sel et la jeta autour de lui en signe de malédiction.

— Maudite soit la femme et maudite soit la maison! dit-il en bravant, par un regard altier, le prince, qui, tout exaspéré, s'avançait vers lui.

LIVRE II

I.

QU'EST-CE QUE LE BONHEUR?

our l'édification des ambitieuses je dirai la décadence de Mlle Lucie. C'est un tableau qui fera pâlir les plus sceptiques.

Pour les comédiennes et les courtisanes, la vie à Paris est si agitée et si rapide qu'elles n'ont pas même le temps de se retourner en arrière.

Elles sont emportées par tous les courants et tous les tourbillons. Comme toutes ses pareilles, Lucie ne prenait jamais une heure pour descendre en elle-même. Ce qu'elle connaissait le moins, c'était son cœur; ce qu'elle savait le moins, c'était son âme. Elle était pareille à ces voyageurs qui fuient sans cesse leur maison pour courir les auberges des quatre parties du monde : quand par hasard ils rentrent chez eux ils ne se retrouvent plus.

Cette vie en dehors ne faisait pas le bonheur de Lucie, mais il faut bien suivre sa destinée, il faut bien faire comme tout le monde.

Faire comme tout le monde, pour Lucie, c'était se lever à midi, déjeuner sans presque se mettre à table, courir à la répétition en passant par chez Worth, n'être en retard au théâtre que d'une demi-heure, se montrer au bois, traîner la queue de sa robe au bord du lac, dîner quatre à quatre, brûler la scène après avoir brûlé le pavé, enfin souper chez soi ou chez les autres, mais jamais seule, quelquefois en tête à tête, le plus souvent en nombreuse compagnie, pour finir par le jeu.

Et les jours de relâche au théâtre n'étaient pas des jours de congé; après la comédie de la rampe, c'était la comédie de l'amour. Et là, il n'y avait pas de souffleur. Lucie ne s'était jamais donné le luxe de faire relâche chez elle, il lui fallait d'ailleurs s'occuper de son hôtel et de son écurie. Elle était furieuse d'entendre vanter l'équipage de celle-là et l'ameublement de celle-ci. Ce n'était pas assez pour elle d'être renommée pour sa beauté, il fallait qu'elle le fût encore pour son luxe. Au milieu de tous ces entraînements de l'orgueil, de toutes ces inquiétudes des steeple-chases de la passion, comment trouver l'heure et le moment de se regarder passer dans la vie ? Où allait-elle ainsi dans son emportement ? est-ce que le bonheur était le but ? O mon Dieu non, elle allait pour obéir à la loi fatale du mouvement. Peut-être s'imaginait-elle après tout que le bonheur était de faire le désespoir de ses rivales par son hôtel, ses chevaux et ses diamants, j'allais oublier son talent, car elle en avait comme toutes les femmes de volonté.

Un jour pourtant qu'elle était seule chez elle, elle se paya le loisir de se faire une visite : elle se promena lentement par tout l'hôtel, depuis la serre jusqu'à l'écurie, s'arrêtant partout et disant partout : *c'est à moi* ; mais quand elle se fut dit ce mot vingt fois, elle jugea que ce n'était pas le bonheur. Le bonheur c'était donc de jouer la comédie et d'avoir un public idolâtre.

— Non, dit-elle encore, ce n'est pas cela, car ce public idolâtre n'est ni le public du Théâtre français, ni de l'Opéra, ni des Italiens, ce n'est même pas le public des théâtres qui viennent après, c'est le public des théâtres pour rire.

Elle aurait beau faire, elle ne serait jamais prise au sérieux. Elle avait bien, il est vrai, voulu faire croire qu'elle avait chanté en Italie parce qu'elle avait passé un hiver à Milan et à Venise avec son amant, mais on la connaissait trop pour la croire même quand elle disait la vérité.

— Eh bien, dit-elle tout à coup ce jour-là, le jeu n'en vaut pas la chandelle, et si on se figure que je m'amuse de tout ce que j'ai, on se fait des illusions, il n'y a qu'une chose qui fasse le bonheur, c'est l'amour.

Elle soupira et reprit :

— Mais l'amour n'est pas à la portée de tout le monde, je lui ai brûlé la politesse et il ne revient pas.

Elle se jeta toute découragée sur un canapé et se mit à songer au temps où elle n'avait pas le sou et où elle était heureuse. Elle se rappela ce peintre moqueur, Eugène Deschamps, qui l'aimait un peu et qu'elle aimait beaucoup. Quelles bonnes matinées quand elle posait en Diane ou en Vénus, vêtue de sa pudeur, apprenant l'art d'être belle dans ses transfigurations.

— Ah! s'il avait voulu, dit-elle, comme je me serais acoquinée à lui! Nous aurions vécu de rien, mais nous aurions vécu du bonheur.

Et elle se demanda comment il pouvait se faire qu'un méchant atelier tout habillé de mauvais tableaux pût donner le mirage du paradis. C'est que l'amour était là avec sa baguette enchantée, tandis qu'en son hôtel tout éblouissant de richesses, elle ne voyait rien qui parlât à son cœur.

Je me trompe, elle voyait avec un vif plaisir un petit portrait que lui avait peint son amant. C'était une simple ébauche, mais le peintre avait saisi le je ne sais quoi qui donne la ressemblance et le charme. Aussi lui avait-elle dit : « N'y retouche pas, je ne serais plus si jolie. »

Lucie s'égara avec délices dans ce cher souvenir.

— Enfin, dit-elle, je redeviendrai peut-être amoureuse. Je fais trop de passions pour ne pas m'y laisser reprendre. Après tout, j'aimais peut-être Gontran, mais ce que je sais bien c'est que je n'aime pas le prince : il me semble que c'est un portrait accroché dans mon hôtel. Et par malheur il descend trop souvent de son cadre.

Elle passa en revue tous ses amants et tous ses amoureux, les morts et les blessés, mais surtout les vivants. Elle pensa à Eugène Deschamps; mais c'était un sceptique en amour.

Elle se rappela que la veille, au souper d'une de ses amies, elle avait éprouvé une émotion en entendant chanter un monsieur Charles Abelle qui parlait de faire le tour du monde sur les traces de Capoul.

— Si je faisais le tour du monde avec lui, se dit-elle, comme s'il lui fallût une grande distraction.

Ce Charles Abelle lui avait dit qu'il l'adorait, pourquoi ne serait-ce pas vrai? Il était beau et il chantait, pourquoi ne l'aimerait-elle pas?

On sonna à la porte de l'hôtel :

— C'est la destinée qui m'envoie quelqu'un pour dîner, dit Lucie.

On annonça M. Charles Abelle.

Quand Lucie lui tendit la main, elle murmura :

— C'est l'amour qui vient.

Elle ne se doutait pas, elle qui avait tué Gontran Staller, que Charles Abelle à son tour lui apportait la mort dans l'amour.

— C'est étonnant, mon cher, dit Lucie en lui faisant signe de s'asseoir près d'elle, comme vous ressemblez à mon premier amant.

— C'est étonnant, dit Charles Abelle sur le même ton, comme vous ressemblez à ma première maîtresse.

— Vous riez.

— Non, je ne rie pas; elle était blonde, vous êtes brune; elle était petite, vous êtes grande; elle était bête, vous avez de l'esprit; mais je l'aimais et je vous aime, voilà pourquoi vous lui ressemblez.

Lucie trouva que c'était bien dit. Et comme Charles Abelle accompagna ses paroles d'un hardi baiser, elle murmura toute pâlissante.

— Je t'aime.

II.

POURQUOI LES COURTISANES N'ONT PAS D'ENFANTS.

Entr'ouvrons la porte de Mlle Lucie.

Il est trois heures, une jeune femme, avec un enfant dans les bras, vient d'entrer chez la comédienne. C'est sa sœur Colombe, mariée depuis un an.

Lucie a passé la nuit dans un souper. Elle a dansé et elle a joué; elle ne s'est couchée qu'au matin; elle se réveille à peine.

La jeune mère est suffoquée par les parfums qui empoisonnent l'hôtel de Lucie. On y respire tout à la fois le cigare, l'eau de Lubin, les roses et les violettes fanées, le vinaigre des quatre-voleurs, la poudre à la maréchale. On y sent la vie artificielle.

C'est un sentiment chrétien et familial qui conduit Colombe chez sa sœur. Une fois encore elle veut tenter de l'arracher aux délices et aux horreurs de la vie de courtisane.

En voyant entrer la jeune femme, Lucie est ravie ; elle se jette hors du lit pour courir l'embrasser.

Elle prend la mère dans ses bras et pleure de joie sur l'adorable petite figure toute souriante de l'enfant.

— Ma chère Lucie, dit Colombe, j'ai fait un vœu avant d'accoucher, j'ai juré à Dieu que je te sauverais.

Lucie regarde sa sœur avec surprise. Elle semble ne pas comprendre.

— Tu as juré que tu me sauverais ! Mais je ne suis pas si perdue que cela. Ne dirait-on pas que tu viens me voir à l'hôpital.

— Ah ! ma chère Lucie, ton corps est dans un palais, mais ton cœur est à l'hôpital ; comment n'as-tu pas la fierté de comprendre cela ?

Lucie relève la tête. Elle s'indigne, mais elle se contient.

— J'y ai songé, mais le temps n'est pas venu : je suis si jeune !

— Fais donc à ton devoir le sacrifice de ta jeunesse. Je t'en conjure au nom de ma mère, au nom de ma fille.

Et Colombe, devenant plus douce encore :

— Vois-tu, Lucie, je ne serai heureuse qu'à moitié tant que les journaux crieront tes hauts faits par-dessus les toits. Mon mari a le bon goût de ne pas me parler de toi, mais il souffre de tes escapades.

— Ne dirait-on pas que je lui envoie mes billets à payer ?

— Il serait bien capable de les payer si tu voulais t'engager à ne plus faire de folies.

— Comme tu y vas ! On voit bien que tu as le mariage pour te distraire : moi je n'ai que l'amour. Mais rassure-toi, je veux faire une fin un de ces jours, une fin digne de toi. J'aime quelqu'un. Pas un mot de plus !

— Rappelle-toi, Lucie, que j'ai fait un vœu à Notre-Dame des Victoires.

On cause pendant une demi-heure ; on joue avec l'enfant, on s'embrasse et tout est dit pour ce jour-là.

Quand Colombe est partie, Lucie se promène en rêvant.

— Après tout, dit-elle, elle n'a pas l'air de s'amuser beaucoup dans son bonheur. J'aime mon amant, mais s'il ne fallait aimer que mon mari, je ne m'amuserais pas du tout, mais pas du tout. La vie de famille ! zut !

Zut ! c'est l'exclamation la plus éloquente de Lucie. C'est avec ce mot qu'elle ponctue ses plus belles périodes.

— Et pourtant, reprit-elle, c'est une vraie joie de porter un enfant dans ses bras !

Elle se recouche tristement.

— Oui, mais je n'aurai pas d'enfant, moi! Les courtisanes sont comme ces arbres des tropiques qui donnent des fleurs, mais qui ne donnent pas de fruits, parce que le soleil les brûle.

III.

UN AMANT DE CŒUR.

La princesse de *** donna une soirée chantante. Mlle Lucie était invitée « à chanter; » du moins on lui donnait un cachet de cinq cents francs pour payer ses gants et sa voiture, selon l'expression consacrée.

— Cinq cents francs! dit-elle, c'est pour ma femme de chambre.

En ce temps, Mlle Lucie dépensait mille francs par jour et ne se trouvait pas payée par un billet de cinq cents francs; mais elle ne fermait pas la main pour cela. L'argent d'où qu'il lui tombât était toujours le bienvenu.

Elle écrivit à la princesse pour la prier de trouver bon qu'elle vînt avec son accompagnateur M. Abelle. On avait déjà parlé de ce M. Abelle à la princesse qui aurait bien voulu qu'il ne vînt pas.

— Après tout, dit-elle, on l'a peut-être calomnié. Et puis un accompagnateur est presque toujours un homme sans conséquence. Que Mlle Lucie vienne avec le sien.

Pourquoi avait-on calomnié M. Abelle? C'est qu'il avait été l'accompagnateur de quelques femmes qui ne chantaient pas, — mais qu'il faisait chanter — à force d'amour. — Pour les frais du culte s'il vous plaît.

Dans l'*Almanach des cinq cent mille adresses,* il y a une lacune. Il serait indispensable de consacrer une page aux accompagnateurs de ces dames, — je ne parle pas des musiciens. — Ils ont d'ailleurs un nom plus expressif, mais le Dictionnaire de l'Académie, toujours en retard, ne l'a pas contre-signé.

Charles Abelle était fils d'un avocat de ***, une de ces éloquences de province qui ne font trembler que le clocher. Le père Abelle avait trois enfants, deux garçons qu'il destinait au barreau et une fille qu'il destinait à un avocat. Tout pour la robe. La fille devint la maîtresse d'un étudiant en médecine, l'aîné des garçons s'engagea à dix-huit ans dans les dragons, le cadet qui n'avait jamais voulu étudier, si ce n'est la musique, décida qu'il avait une vocation pour l'Opéra. Il prit des leçons de chant et des leçons de piano. Vers sa vingtième année, il vint échouer aux portes de l'Opéra et du Théâtre-Lyrique, mais il ne se rebuta pas, disant qu'il ferait plutôt le tour du monde que de ne pas débuter.

Et pourtant il ne débuta pas.

Dans un des soupers que donnent ces dames il fut amené par un de ses amis de collége comme en cas. C'est-à-dire que si on s'ennuyait on lui demanderait son grand air. Naturellement on s'ennuya. Il chanta. Jusque-là on ne l'avait pas remarqué, mais sa voix, qui était fort belle, répandit sur lui je ne sais quelle auréole, du moins aux yeux de Mlle Lucie.

Dans son enthousiasme, elle alla à lui, elle le complimenta comme eût fait Mlle Rachel pour un lauréat du Conservatoire. Cela se passait d'artiste à artiste, car Lucie se prenait au sérieux.

En voyant avec quelle gravité elle parlait de Mario et de Nilson, de Faure et de la Patti, on rit bien un peu autour d'elle, mais depuis longtemps elle était habituée à tout braver.

Or, depuis ce fameux souper, M. Charles Abelle avait beaucoup « accompagné » Mlle Lucia Moroni, devenue assez célèbre pour aller dans les belles soirées du monde parisien, les jours où Sass, Nilson, Carvalho étaient de service au théâtre. On sait qu'Adelina Patti ne va dans le monde que comme marquise de Caux. Comme cantatrice, sa grandeur l'attache au rivage des Italiens de Saint-Pétersbourg.

Lucie Moreau, devenue plus que jamais Lucia Moroni, était presque à la mode sur les confins du monde et du demi-monde. Elle avait eu beau traverser en courtisane tous les bourbiers parisiens, le théâtre, qui déjà amnistie la fille perdue, lui refaisait une virginité. Elle plaidait tous les jours sa réhabilitation sur les planches, par la fraîcheur de sa voix comme par les figures poétiques qu'elle représentait. On oubliait peu à peu ses cascades et ses chutes, dans ses ascensions vers l'art. A force d'amour, Madeleine a été pardonnée : l'art a aussi ses stations miraculeuses.

Lucie ne négligeait pas pour cela son amour de l'or que masquait son amour du luxe. Elle menait et surmenait toujours quatre passions à la fois, comme elle eût fait d'un quadrige au Bois. Il y avait toujours autour d'elle une foule dorée. Un amant de parti, deux de retrouvés. Amants d'une semaine, amants d'un jour, amants d'une heure ! Elle ne savait pas bien leurs noms. Elle imitait ces maîtresses de maison qui appellent toujours leurs cuisinières du nom de Marie, — le nom le plus commun parce qu'il est le plus beau — elle donnait à tous ses amants le nom d'Arthur. Seulement, si c'était un Anglais, elle disait *Arthurson;* si c'était un Russe, elle disait *Arthurkoff ;* quand c'était un Espagnol, elle disait *don Arthur ;* quand c'était un Italien, elle disait *signor Arthur.*

Mais si c'était Charles Abelle et si personne n'entendait, elle disait *des Grieux.* Et Charles Abelle était au septième ciel. Car, s'il avait rêvé de devenir un ténor célèbre, ce n'était pas à autres fins que d'être l'amant qu'on cache dans les armoires à robes.

Abelle devait venger tous les malheureux que Lucie avait ruinés sur son chemin, il devait venger Gontran Staller qu'elle avait tué.

C'était bien le cœur le plus dépravé qui fût au monde. Le mauvais vent du siècle avait passé sur lui dans sa fleur et l'avait ravagé, comme le tourbillon qui n'est pas accompagné de la pluie.

Abelle avait de bonne heure divorcé avec toutes croyances. Il comparait Dieu à un gendarme. Il disait gaiement de son père l'avocat : « Il défend la veuve et fait l'orphelin. » De sa mère pas un mot, si ce n'est que toutes les femmes étaient des drôlesses. Il avait le rire amer, il n'aimait rien hormis lui-même. Il haïssait la gloire des autres, la fortune des autres, l'amour des autres. Il eût rougi d'un cri parti du cœur. S'il parlait de l'honneur, c'était pour faire bonne figure, mais dans l'ombre il eût laissé souffleter sans vergogne le fantôme de son honneur.

Il avait des amis parce qu'il avait de l'argent ; on disait bien un peu que c'était l'argent de Lucie, mais l'argent ne se démonétise pas devant l'indignation. Quand Abelle donnait à souper à la Maison-d'Or, le château d'Yquem, le champagne Jules Mumm n'avaient-ils pas toutes leurs vertus ?

Un soir cependant, un de ses amis, un railleur de son école, osa lui dire, pendant qu'il lui versait du Clos-Vougeot :

— Je rougis dans mon verre et dans ma figure, car c'est l'argent de Lucie qui court sur la nappe. Mais c'est égal, quand le vin est versé il faut le boire.

— Et ta sœur ! cria Abelle. Mon cher, on mange toujours l'argent de quelqu'un. A cette table, c'est l'argent de la maîtresse, à côté c'est l'argent du mari, plus loin c'est l'argent de l'actionnaire. Je te fais grâce de toute la kyrielle, sans parler de ceux qui mangent la grenouille.

— C'est égal, dit l'ami, ton père qui a plaidé toutes les mauvaises causes, ne plaiderait peut-être pas celle-là.

Lucie alla donc chez la princesse de *** avec son accompagnateur ordinaire. On trouva qu'elle était bien jolie et qu'il était bien joli.

En le regardant de près, on s'apercevait qu'il n'avait pas la beauté des lignes. Le nez était un peu court, le menton était trop accentué, mais il avait des yeux expressifs, une belle chevelure et des dents blanches. On remarqua qu'il se mettait du rouge aux lèvres et qu'il se barbouillait de poudre de riz.

La princesse ne manqua pas de lui dire, quand Lucie le lui présenta :

— Eh quoi ! de la poudre de riz, monsieur !

Il répondit avec une pointe d'impertinence :

— C'est que je suis venu dans la même voiture que Mlle Lucie.

La princesse se contint pour ne pas faire jeter à la porte « l'accompagnateur. »

Dans les palais et dans les hôtels, quand les comédiens ou les chanteurs arrivent, on voit toujours quelques jeunes gens courir dans les coulisses improvisées. On voit même quelques femmes affamées du fruit défendu se hasarder aussi. Chez la princesse, Lucie fut très-entourée. Comme elle semblait oublier que M. des Grieux fût là, il le lui rappela à diverses reprises en lui marchant rudement sur le pied. Elle prenait cela pour l'argent comptant de la passion. Et pourtant un écouteur aux portes entendit :

— Finis donc, tu me fais mal !

Aussi l'écouteur aux portes s'en alla consoler un ex-amant de la belle, en lui disant :

— Lucie a trouvé son maître. Tu vois bien ce petit monsieur, à qui il ne manque qu'un grain de beauté pour être parfait, elle tremble devant lui comme tu tremblais devant elle.

— Je n'ai jamais tremblé devant elle.

— Allons donc ! tu n'étais plus un homme. Mais il n'y a pas de quoi t'offenser, j'en ai vu de plus lâches que toi devant les impériosités de cette fille.

Naturellement Lucie eut un triomphe. On ne la payait que cinq cents francs, il fallait bien lui donner cinq cents francs de bravos sans compter le bouquet.

Abelle n'eut rien du tout, pas même un compliment. Aussi dès qu'il fut dans la voiture il prit le bouquet de Lucie et le jeta par la portière.

Tout indignée, elle se jeta sur lui comme si elle voulût le jeter lui-même par la portière. Mais il lui saisit les mains et il les tordit dans les siennes. Il avait contenu son orgueil, sa jalousie et sa colère : tout éclatait.

— Ah! tu crois que je subirai pour rien toutes ces humiliations!

Comme elle ne pouvait se servir de ses mains, elle se servit de ses pieds, mais elle rencontrait de rudes adversaires. Elle devint une lionne. Elle mordit Abelle à la main. Il lui prouva qu'il était plus fort qu'elle au jeu de bataille ; il lui dit d'un air hautain :

— Adieu, madame!

Comme le coupé allait au pas à cause de la neige, il ouvrit la portière et s'élança dans la rue.

— Adieu, monsieur! dit-elle.

Le cocher prétendit qu'elle n'avait pas dit *Monsieur*; mais le mot commençait par la même lettre.

Elle referma la portière et ordonna au cocher

d'aller plus vite, dût-il couronner ses chevaux.

— Enfin! disait-elle en respirant l'air — de l'autre côté, — me voilà délivrée de cet homme! C'est une bénédiction! Depuis trop longtemps il me tuait à petit feu. J'étais assez folle pour m'imaginer que je l'aimais et que je ne pouvais me passer de lui.

Comme quelques-unes de nos courtisanes, Mlle Lucie avait deux lits : le lit — de repos et le lit — de parade. Le lit des petits jours et le lit des grands jours. Le lit des mortels et le lit des dieux.

Quand elle rentra chez elle, elle se demanda dans quel lit elle allait se coucher. Elle les regarda tous les deux comme s'ils devaient lui donner un conseil.

— Cet infâme Abelle! dit-elle, comme je suis heureuse qu'il ne soit pas là.

Mais elle trouvait à chaque lit je ne sais quel air d'abandon qui la glaçait.

— Je vais donc me payer le luxe de coucher seule! C'est égal, il fait bien froid, il me semble que ces draps sont filés avec de la neige.

Elle frissonna et dit à sa femme de chambre de faire un meilleur feu.

Pendant que cette fille attisait les bûches :

— Caroline, reprit-elle, vous savez où demeure Abelle?

— Oui, madame. Est-ce que M. Abelle ne vient pas ce soir?

— Non. Nous sommes brouillés. Je ne le reverrai jamais. Mais je suis curieuse de savoir ce qu'il fera cette nuit. Vous allez courir chez lui.

— A cette heure?

— Il n'y a pas loin.

— Et madame s'imagine que je vais le trouver chez lui? — Je connais bien M. Abelle. Si celui-là passe jamais la nuit dans son lit!

— Vous n'en savez rien, dit Lucie avec impatience. Allez tout de suite voir s'il est rentré.

— Savez-vous, madame? Pour aller rue de Ponthieu, il faut passer par la rue de Berry où demeure Mlle Trente-six-Vertus : je crois que je ferais bien de monter chez elle.

— Vous êtes folle! à deux heures du matin. Prenez avec vous le valet de pied.

La femme de chambre ne répliqua plus parce qu'elle connaissait bien Lucie.

Dès qu'elle fut à la porte la cantatrice murmura :

— Est-il possible qu'il aille chez cette fille!

Et songeant au combat dans la voiture :

— Pauvre Charles! dit-elle, je l'ai mordu jusqu'au sang.

Elle oubliait déjà qu'Abelle lui avait bleui les mains et qu'elle avait les pieds meurtris.

La passion lui remontait à la tête. Elle rappela Caroline.

— Vous lui direz qu'il me rapporte mes lettres à l'instant même.

— Et s'il n'est pas chez lui, madame?

— Vous irez chez cette demoiselle, vous direz que je suis à toute extrémité. Il faut que je le voie.

Quand la femme de chambre arriva devant la maison où demeurait Charles Abelle — tous les jours de midi à trois heures, le temps de changer de chemise et d'écrire une lettre — Charles Abelle y arrivait lui-même comme un homme qui n'est pas pressé de rentrer chez lui. Il avait frappé sur son chemin à une porte hospitalière, mais la place était occupée. Il cherchait dans ses souvenirs s'il n'y avait pas dans le quartier une autre petite amie pour le consoler de sa grande amie.

Il reconnut Caroline.

— Que diable faites-vous ici à cette heure?

— Je vous cherche.

— Pourquoi faire?

— Ah! c'est le secret de madame. Elle veut vous voir.

La femme de chambre éclata de rire.

— N'oubliez pas d'apporter ses lettres, car c'est là le prétexte.

Abelle à son retour éclata de rire.

— Ses lettres ! voilà une prétention ! Est-ce qu'elle s'imagine que je fais collection d'autographes ? Ses lettres, il y a longtemps qu'elles sont envolées avec la fumée de ses cigarettes.

Et prenant un air tragique :

— Allez dire à votre maîtresse — que je suis ici par ma volonté souveraine et que je n'irai chez elle — que par la force des baïonnettes.

— Des baïonnettes ? Attendez.

Et Caroline qui avait des bras robustes, les agita vigoureusement pour remettre l'amoureux dans son chemin. Il voulut riposter, mais il fut battu parce qu'il fut retenu par la pudeur : Caroline avait les plus beaux seins du monde, disaient les amants de Lucie.

Quand il arriva devant l'hôtel de Lucie précédé du valet de pied, suivi de la femme de chambre, comme un malfaiteur entre deux sergents de ville, il entendit fermer une fenêtre.

C'était Lucie qui s'était avancée sur le balcon avec anxiété.

Charles Abelle ne voulait pas monter. Caroline le prit à bras-le-corps et lui fit sauter deux marches, car elle était plus forte que lui.

— Non, dit-il, voulant rebrousser chemin. Je ne sais pas ce que je viens faire ici.

A cet instant la femme de chambre qui tenait bon, vit apparaître Lucie sur l'escalier.

— Madame! madame! cria-t-elle en riant, venez à mon secours.

Lucie qui n'écoutait plus que sa passion descendit quatre à quatre et tendit ses bras à son amant.

— Quoi, lui dit-elle en le couvrant de baisers, tu ne serais pas revenu tout seul?

— Jamais!

— Toujours!

IV.

UN ÉPOUSEUR EN QUEUE DE POISSON.

Lucie était la femme des raccommodements. Quand les femmes sont à mille lieues des aubes virginales, quand elles ont franchi sans vergogne toutes les stations de l'amour — de l'amour qui descend, — elles recherchent les émotions violentes, comme les gourmands qui finissent par le poivre de Cayenne. Elle avait dit adieu à tout jamais aux promenades amoureuses, aux rêveries sentimentales, aux causeries au coin du feu. Elle cherchait la tempête, elle appelait la foudre. Ce n'était pas la première fois que Charles Abelle « la tombait » et qu'elle le mordait dans la bataille. Jusque-là on finissait toujours par se pardonner, tout en savourant les ivresses éperdues de la passion.

L'amoureux savait toutes les forces de son despotisme sur Lucie. C'était toujours elle qui revenait la première. Il revenait lui-même sans conditions, mais souvent comme un chien qui montre encore les dents, même quand il caresse.

Lucie adorait son amant et elle avait peur de lui.

S'il était son maître, il n'était pas le maître dans la maison. Il fallait souvent le cacher. Quand on donnait un dîner au prince, il ne dînait pas à l'office, mais Lucie lui disait ceci, ou à peu près : « Tiens, mon loup, voici un louis, j'ai du monde à dîner. Je boirai à toi et tu boiras à moi. Je vais bien m'ennuyer, mais tu viendras après minuit. » Quelquefois Lucie disait : « Tu viendras pendant la soirée sous prétexte de me faire chanter. » Charles Abelle prenait le louis comme il eût pris un cachet, sans humiliation. Il y a des grâces d'état.

Abelle s'avisa un jour de se dire qu'il ne jouait pas assez bien de Lucie. Elle le traitait trop légèrement en public — et trop doucement en particulier — il résolut de jeter le masque et de prendre une figure, s'imaginant qu'il pouvait se tailler un caractère dans l'étoffe des Don Juan et des Lovelace.

C'était peu de temps après la scène de la voiture. Il ne voulait pas retourner dans le monde pour y avoir un rôle aussi effacé. Il jugea que Lucie avait assez d'argent ou assez de diamants pour mettre tous ses princes à la porte.

Un soir qu'elle voulait le retenir et qu'il voulait aller au bal de l'Opéra, il lui dit tout à coup :

— Je veux bien te faire le sacrifice de toutes mes

aventures — parce que je t'aime — mais tu me feras le sacrifice de tous tes amants — parce que je suis jaloux.

Cette déclaration de principes alla au cœur de Lucie.

— Mon loup! lui dit-elle, tu sais bien que c'est impossible. Je n'aurais pas de quoi payer les contributions de mon hôtel. Et mes chevaux et mes robes! Tu veux donc que j'aille à pied! Tu veux donc que j'aille toute nue!

— Oui, tu iras à pied et tu mettras une robe d'indienne. Je ne m'oppose pas d'ailleurs à ce que tu ailles toute nue.

— Comme Ève! mais Ève n'avait pas péché. Ah! mon pauvre ami, tu ne sais pas ce que coûtent aujourd'hui les feuilles de vigne. Tu parles de robe d'indienne, cela me va au cœur. Mais une robe d'indienne, si je ne la fais pas moi-même, me coûtera 500 francs de façon.

— Oui, dit Charles Abelle, en toutes choses c'est la façon qui ruine; mais enfin tu as quelque argent à la Banque ou chez un notaire.

— Ah! mon cher, moins que rien. Croirais-tu qu'après toutes mes bonnes fortunes, j'ai à peine vingt-cinq mille livres de rente.

— C'est bien quelque chose, avec tes diamants et ton hôtel.

Lucie jugeait que ce n'était rien.

— Mes diamants ! Est-ce que tu t'imagines que je vais les vendre ? Vois-tu, le proverbe dit : « L'honneur est un diamant que la vertu porte au doigt. » Quand on ne s'appelle pas la vertu il faut porter d'autres diamants.

— Il y a des femmes du monde qui n'ont que des parures de Bourguignon, ce qui ne les empêche pas d'aller partout.

— Es-tu bête ! plus on reconnaît chez elles le faux diamant, plus on découvre la femme honnête. Mais que découvrirait-on sous le faux diamant, si on me regardait ? Une fille perdue, qui a tout perdu.

Abelle mordillait son cigare.

— Si tu m'aimais un peu, tu pourrais bien me sacrifier ton hôtel.

— Mon hôtel ? Mais où veux-tu que je me loge ? Va donc voir les palais de ces dames. Ici je n'ai pas de place pour mes robes. Mes chevaux sont logés dans le sous-sol. Mes gens sont au grenier.

— Ma chère, tu déraisonnes. Ton hôtel vaut trois cent mille francs. Si tu le vendais, tu aurais vingt mille livres de rente de plus. Que dis-je ! cinquante mille livres de rente dans les emprunts étrangers.

— Oui, murmura Lucie, qui s'abandonnait pour un instant aux idées de son amant, je deviendrais alors un beau parti. Est-ce que tu me demanderais ma main ?

— Peut-être un jour ou l'autre ?

— Prends garde, il y a des hypothèques sur mon hôtel et sur mon cœur.

Lucie pensa avec orgueil qu'il y avait déjà à Paris plus d'une actrice mariée fort à la mode dans le meilleur monde. Elle pensa à toutes les cantatrices qui s'étaient mariées et qui devenaient des femmes accomplies. Elle pensa que tout s'oubliait. Mais elle ne connaissait pas cette vieille maxime qui poursuit la luxurieuse jusqu'au delà du tombeau : « La beauté passe, la pécheresse reste. »

— Tu sais, reprit-elle, en prenant les mains d'Abelle, que je serais capable de faire cette folie-là pour toi ! Ah ! comme l'amour métamorphose une femme ! Je ne me reconnais plus.

Et Lucie rappela que, naguère, elle n'aimait la vie qu'au milieu du tapage. Il fallait qu'une fête succédât à une autre fête, l'orgie à l'orgie. Son atmosphère, c'était la trahison ; il lui fallait quatre amants à la fois. Elle les armait les uns contre les autres ; il fallait qu'on se battît et qu'on se ruinât pour elle. Aujourd'hui tous ces bruits du dehors l'ennuyaient. Elle n'avait plus qu'un souci : trouver une heure pour être seule avec son amant. Aussi disait-on dans le monde galant, qu'elle perdait de son entrain. La pensée ne venait à qui ce fût d'attribuer cela à l'amour. On ne croyait pas qu'elle pût tomber dans cette « bêtise-là. »

— Eh bien! mon loup, j'y songerai, dit-elle en baignant ses yeux dans les yeux de Charles Abelle.

— Tu y songeras, mais il sera trop tard.

— Que veux-tu dire ?

— Je veux dire que je suis à bout d'humiliation. Mon amour seul a pu me donner la force de braver tous ces déboires. Je ne suis pas le premier venu.

Charles Abelle rappela avec complaisance qu'il avait été bien élevé. Un jour qu'il rapportait à son père le prix d'honneur remporté au lycée, sa mère dit tout haut en pleurant : « — J'ai toujours dit qu'il serait l'honneur de la famille. »

— Sans toi, reprit-il, en embrassant Lucie, j'abandonnais la musique, je retournais à l'École de droit et je devenais un avocat célèbre.

— Oh! oui, lui dit-elle, car tu as une langue d'or et une langue de serpent.

— Par malheur, ma chère Lucie, quand je te vois, je n'ai plus que la force de tomber dans tes bras.

Abelle ne pensait pas un mot de ce qu'il disait. Il avait brûlé ses vaissaux, il n'avait plus rien à attendre de sa famille. Il n'avait pas le courage de demander à la société son droit au travail. Il avait efféminé son caractère jusqu'à n'en avoir plus. C'était un homme à la mer — ou à la femme — ce qui est bien pis.

Il avait vaincu Lucie l'invincible. Il pillait, il

ravageait comme en pays conquis. Il ne voulait pas reperdre de terrain. Mais ce jour-là, il eut beau faire valoir ses droits, il eut beau montrer ses caresses et ses vengeances, ses sourires et ses dents, Lucie lui dit qu'elle l'aimait jusqu'à en mourir, mais qu'elle était trop accoutumée au luxe pour abandonner sa vie dorée. Elle répétait sans cesse que ses amies seraient trop contentes si elle ne leur prenait plus leurs amants.

— Quoi, lui dit-elle, tu n'es pas fier d'avoir pour maîtresse une femme qui a une cour de princes! une femme qui courbe toutes les têtes devant ses caprices!

— Il y a bien de quoi être fier, dit Charles Abelle. Quand un de ces « mufles-là » paraît, il faut que je disparaisse. Mais je me vengerai. Un de ces jours je piétinerai leurs blasons!

— Moi aussi, nigaud, je piétine leurs blasons. Mais n'oublie pas qu'ils sont sur fond d'or.

V.

UN BON PRINCE.

Tout en se donnant un maître, Lucie voulut augmenter le nombre de ses esclaves. Je m'explique, il fallait bien qu'elle se vengeât des caprices d'un amant de cœur par ses caprices envers ses amoureux. Elle le prit de plus haut avec le prince et avec les autres, d'autant plus que vers ce temps-là quelques journalistes parlèrent beaucoup de son talent et de sa beauté. Elle se crut plus que jamais irrésistible.

Aussi il fallait la voir, au théâtre, au Bois, aux soupers, distribuant des sourires plus ou moins accentués avec des airs de duchesse.

Comédienne de troisième ordre sur le théâtre, elle était grande comédienne chez elle; elle avait un art merveilleux de mener quatre amants à la fois, comme elle conduisait çà et là le jour des courses pour s'amuser le mailcoche d'un de ses amis d'outre-Manche. Son jeu était bien joué parce qu'elle cachait bien son jeu. Pour le commun des martyrs elle n'avait qu'un amant, le prince. Mais au fond le prince n'était là que pour donner bon air à la maison, le prince par-ci, le prince par-là. Chacun donne ce qu'il peut, le prince donnait son titre dans cette commandite de l'amour où il y avait beaucoup d'actionnaires. La force de Lucie c'était de ne jamais tendre la main ; par une arithmétique à elle le prince était inépuisable dans ses prodigalités ; il la surchargeait de diamants, mais elle s'empressait d'ouvrir une parenthèse pour dire que le prince avait un goût sauvage et que les Français seuls donnaient des bijoux qu'on aimait à porter ; voilà pourquoi elle ne refusait pas certains cadeaux, quand ils étaient bien faits. Elle n'oubliait pas non plus de dire qu'elle était un bourreau d'argent, que plus on lui en donnait plus elle en manquait. Et elle montrait sa jolie main aux doigts renversés pour prouver que ce n'était pas une main crochue. Au jeu, elle disait qu'elle perdait toujours, elle pillait ses voisins sans façon, elle arrivait ainsi avec les revenus occultes à jouir de trois cent soixante-cinq mille francs de rente, puisqu'elle dépensait mille francs par jour selon les comptes officiels de son teneur de livres.

Mais une chiquenaude du hasard pouvait renverser l'édifice fragile de cette fortune au jour le jour. Elle n'avait de bien à elle que son hôtel et ses diamants et encore elle avait toujours cent mille francs de diamants au mont-de-piété. Elle disait que c'était son argent de jeu. Elle montrait quelquefois les reconnaissances pour faire sauter le pas aux plus amoureux, mais les amoureux même les plus passionnés se ruinent en détail, et non en gros. On donne sans compter — après avoir compté une poignée de billets de banque, bien chiffonnés; — mais on aime mieux donner dix fois dix mille francs que de donner une fois cent mille francs.

Tout alla bien jusqu'au jour où il fut de notoriété publique, que la belle avait un amant de cœur. Un amant de cœur qu'elle imposait partout jusque dans les soupers où elle allait pour faire recette. Dans la haute galanterie on ne s'indigne pas de voir une femme passer de main en main comme un billet à ordre qui devient meilleur à force de signatures, mais on ne permet pas à une femme de se mésallier. On est de son monde ou on n'en est pas. Lucie fut bientôt au ban de la réprobation mondaine, grâce à ce Charles Abelle qui marchait partout sur la queue de ses robes. Il avait beau se mettre des talons pour faire le grand, il avait beau prendre tour à tour des airs humbles et impertinents, il ne pouvait entrer dans la familiarité de ces messieurs. Il s'en vengeait sur Lucie qui par ricochet s'en vengeait sur eux, jusqu'au jour où on décida chez quelques-unes de ces dames qu'on ne reverrait plus Lucie avec son amant, et qu'on n'irait plus chez elle s'il devait être là.

Cette décision qui fut bientôt officielle fut la ruine de Lucie à courte échéance, parce qu'elle ne voulut pas briser avec Charles Abelle pour reconquérir ses amitiés.

Le prince, qui était bon prince, vint la voir comme de coutume, mais elle fut de plus en plus seule. Il lui fit quelques remontrances, lui représentant qu'elle n'avait pas de quoi se payer un amant de cœur.

— Je sais bien, mon cher prince, lui dit-elle, que vous ne m'avez pas donné assez d'argent pour cela, aussi n'ai-je pas un amant de cœur, j'ai un ami qui fait de la musique avec moi, qui m'accompagne au piano quand je chante dans le monde...

— Tout beau, interrompit le prince, il ne vous accompagne pas seulement au piano ; on dirait que vous avez perdu votre ombre et qu'il la cherche sur vos trousses ; mais enfin, je n'ai pas le droit de vous taquiner. J'ai voulu vous donner un premier avertissement. Si ce Charles Abelle n'est pas votre amant, pourquoi lui permettez-vous d'être chez lui quand il est chez vous ; s'il est votre amant, tant pis pour vous ; mais pas un mot de plus, car vous diriez que je suis jaloux, j'ai trop d'esprit pour ça.

— Eh bien ! s'écria Lucie impatientée, je dirai à M. Abelle de ne plus venir qu'à l'heure des leçons.

—C'est bien, dit le prince en prenant son chapeau, mais prenez garde d'étudier toute la journée.

Quand il fut parti, Lucie fit un rapide examen de conscience.

— C'est vrai, dit-elle, ce que dit le prince et ce qu'ils disent tous. Charles me perdra. — Mais chut! reprit-elle — je l'aime.

VI.

UN DUEL AU PREMIER SANG.

Charles Abelle n'attendit pas longtemps l'occasion de se venger, car il était mollement renversé sur les genoux de Lucia, quand on annonça le prince Matjewski.

— Vite, va-t'en ! lui dit-elle.

— Non ! répondit-il.

Ce *non* fut dit avec un accent de volonté qui inquiéta Lucie.

Ils s'étaient levés tous les deux. Elle le prit doucement dans ses bras et l'entraîna vers la porte.

— Non, dit-il encore en prenant racine sur le tapis.

— Songe à tout ce que le prince m'a donné, à tout ce qu'il me donnera encore ! Je t'en supplie, mon loup, va-t'en ou mets-toi au piano.

— Au piano !

On rendrait mal avec quelle expression Charles Abelle exclama « au piano. »

Cependant la porte s'ouvrit.

— Mon cher prince, dit Lucie, je ne suis pas allée à votre rencontre, parce que j'étudiais avec mon accompagnateur.

Le prince passa fièrement devant Charles Abelle — toujours enraciné.

— Lucie appelle cela étudier, dit l'amant d'un air ironique.

Le prince ne savait pas de quelle oreille il entendait. Il s'indignait à demi qu'un pianiste osât appeler sa déesse par son petit nom.

La comédienne essaya de mettre un peu d'eau dans le vin de Suresnes de Charles Abelle.

— Il a raison, dit-elle, je n'étais pas du tout disposée aujourd'hui. J'ai exaspéré le piano et le pianiste.

Elle fit un pas vers son amant — celui du cœur.

— Adieu, mon cher ami, ne m'en veuillez pas. Revenez bientôt.

Mais Abelle n'était pas déraciné.

— Non, madame, dit-il tout haut, je ne reviendrai pas.

— Eh bien! dit le prince impatienté, on se passera de vous, monsieur le pianiste. Je suppose qu'il y a toujours à Paris un second accompagnateur.

— Oui, monsieur, dit Charles Abelle en éclatant,

un second accompagnateur pour me servir de second et pour châtier votre impertinence.

Et comme le prince regardait le pianiste avec quelque surprise :

— Nous touchons du piano, mais nous touchons de l'épée! continua-t-il.

— Il est fou, dit Lucie au prince, ne l'écoutez pas!

— Je ne suis pas si fou que cela, c'est madame qui perd la tête. C'est entendu, n'est-ce pas, monsieur, que nous nous battrons?

— Allons donc, mon cher, je ne suis pas un Don Quichotte, je ne me bats pas avec des pianos. Allez jouer avec vos pareils.

Charles Abelle se déracina un peu pour s'avancer vers le prince.

— Ah! vous ne voulez pas me prendre au sérieux! Eh bien! monsieur, je vous ordonne de sortir d'ici, car je suis ici chez moi.

— Chez vous! C'est vous qui avez payé cette maison? madame n'est pas chez elle?

Le des Grieux fut un peu désarçonné. Mais il ne resta point court.

— Lucie est chez elle, comme je suis chez moi, puisqu'elle est ma maîtresse et que je suis son amant.

Le prince prit son chapeau qu'il avait posé sur le piano.

— N'en croyez pas un mot, dit Lucie éperdue.

Le prince s'éloigna en silence sans retourner la tête.

— Nous nous battrons, n'est-ce pas ? dit Charles Abelle.

Et avec un cynisme que Juvénal seul pourrait peindre :

— Vous ne pouvez pas me refuser de vous battre, puisque nous avons servi dans le même régiment.

Lucie avait sonné. Un valet de chambre entra.

— Reconduisez monsieur, dit-elle, en montrant Abelle.

Le valet de chambre ne comprit pas bien et sortit à la suite du prince qui venait de dépasser le seuil de la porte.

Quand Lucie et son amant furent seuls, ils se regardèrent comme deux bêtes féroces qui vont obéir à leur colère.

Ils ne dirent pas un mot, parce qu'ils ne trouvaient pas un mot assez énergique pour la situation.

Lucie, comme une tigresse, s'élança la première.

— Eh bien ! s'écria-t-elle, je te jetterai moi-même à la porte !

Elle voulut entraîner Charles Abelle. Elle l'avait déjà marqué de ses griffes. Lui, plus cruel, contenait sa fureur pour mieux assurer sa vengeance.

Mais, comme du premier coup Lucie l'avait fait reculer de trois pas, il la saisit par les bras et la jeta à ses pieds.

Elle se releva tout échevelée; elle s'enroula à lui comme un serpent.

Le valet de chambre était revenu croyant qu'on l'avait rappelé, il comprit et ferma prudemment la porte sans se montrer.

Charles Abelle voulut dénouer les bras de Lucie. Mais, comme elle le frappait aux jambes, du haut du talon de ses bottines, il la meurtrit de ses deux mains comme avec des tenailles de fer.

Ce fut horrible! Si je ne voulais montrer ici les abominations de ces amours qui sont la honte de l'amour, je passerais devant ces hideux tableaux. Mais il faut qu'on sache bien jusque dans quel enfer tombent ces damnées de la passion qui n'iront plus jamais se désaltérer aux sources vives.

Quand Abelle voulut rejeter Lucie à ses pieds, il tomba avec elle. Ils roulèrent ensemble sur le tapis, écumant de rage, voulant se tuer tous les deux, retrouvant encore en eux des laves de mépris.

Enfin, ils se relevèrent.

— Ah! pour cette fois, dit Lucie, c'est bien fini!

Charles Abelle s'était approché de la cheminée pour regarder dans la glace s'il n'était pas trop avarié. Sa chemise était en lambeaux; il avait une griffe sur la joue, ses cheveux étaient dans le plus beau désordre. Il tordit ses moustaches comme s'il se demandait un conseil. Tout à coup il leva la main pour sonner.

— Tout à l'heure, dit Lucie, donnez-moi le temps de me rajuster un peu.

Sa robe blanche était toute fripée, elle la repassait avec ses mains.

— Pourquoi voulez-vous sonner ?

— Je veux qu'on m'apporte ici mon manteau.

— Vous le trouverez dans l'antichambre.

— Je veux sortir d'ici, madame, avec tous les égards qui me sont dus.

— Oui, tous les égards dus à un — pianiste.

Ce n'était pas ce mot-là qu'elle voulait dire. La preuve, c'est que Charles fut sur le point de se remettre en colère.

Il sonna, — en arrachant le cordon de la sonnette. — Lucie se mit en toute hâte au piano croyant qu'on ne savait pas déjà chez elle qu'elle venait de se battre avec son amant.

On apporta le manteau à Abelle.

— Adieu, madame, dit-il quand le valet de chambre fut sorti. Que toutes les hontes que j'ai bues dans cette maison retombent sur vous.

— Allez, monsieur ! allez ! vous en boirez bien d'autres.

Lucie couvrit cette réponse par un air d'Offenbah.

— Moi aussi, dit-elle, j'accompagne la chanson.

Abelle avait pris le bouton de la porte. On pouvait juger que c'en était trop, que ces deux natures perverties ne pourraient se regarder sans rage, que jamais l'amour ne les rejetterait dans le même embrassement.

D'où vient qu'une heure après, Lucie avertit son maître d'hôtel que « M. Charles Abelle » dînerait ?

M. Charles Abelle ne dînait pas à la fortune du pot, il aimait les chatteries, les truffes et les confitures ; il fallait que le vin de Champagne fût bien frappé ; on conservait pour lui seul du vin de Constance, afin qu'il en eût beaucoup. C'était le mot de la cuisine.

Abelle était demeuré par la loi même de ces épouvantables passions qui puisent leur force dans leur ignominie.

Le dîner fut charmant. Lucie baisait sans vergogne devant ses gens la joue même qu'elle avait griffée.

— C'est bien meilleur, disait-elle.

Et elle ajoutait, avec le sourire du pardon :

— C'est égal, tu m'as fait trop de bleus.

— Avec tout cela, dit tout à coup mélancoliquement Abelle, j'ai un duel sur les bras.

— Allons donc ! s'écria Lucie en prenant sur son sein la tête de son amant comme pour le défendre de l'épée du prince. Si le prince était resté, à la bonne heure. Si je le revois, je lui dirai que le duel a eu lieu entre nous.

— Oui, au premier sang.

On était au vin de Constance.

— Tu sais, reprit Lucie, que je joue ce soir, mais je vais t'enfermer dans la chambre, avec des livres, des journaux et cette jolie bouteille qui a si bon air.

— Oui, dit Charles en regardant ce qui restait dans la bouteille, mais n'oublie pas les cigares.

— Non, mon loup. Tu sais bien d'ailleurs que tu es le maître ici.

Quand Abelle fut seul dans la chambre à coucher de Lucie il se rappela ces paroles.

— Oui, je suis maître ici, dit-il. Je ne l'oublierai pas.

Et avec un sourire :

— C'est comme à la guerre, il faut livrer bataille et prendre la place d'assaut.

Le lendemain matin Lucie dit à son amant qu'elle n'avait jamais été si heureuse.

— Tu seras encore plus heureuse quand j'aurai piétiné sur tous tes princes comme j'ai fait hier.

— Tu m'en laisseras un, lui dit-elle. Mais il ne viendra chez moi que les jours de pluie.

— Oui, s'il est bien sage, dit cyniquement Abelle.

VII.

DETTES DE JEU ET DETTES DE CŒUR.

Quelque temps se passa. On disait que Lucie se retirait du monde parce qu'elle était amoureuse comme une louve de celui qu'elle appelait son loup.

Or Charles Abelle était son mauvais génie. Il lui conseilla de ne pas renouveler son engagement à l'Athénée. Elle avait des appointements pour rire, mais une cantatrice sans théâtre est une statue sans piédestal.

On jugea que Lucie ne chanterait plus. Elle avait toujours eu plus de voix que de méthode, on ne l'avait jamais prise au sérieux. La courtisane servait la cantatrice comme la cantatrice servait la courtisane. Quand la cantatrice tomba, la courtisane tomba de toute sa hauteur.

Abelle lui avait permis un dernier prince les jours de pluie, c'était toujours le prince Matjewski, mais ce dernier prince ne vint même plus les jours de beau temps.

Elle vendit son dernier diamant ne pouvant se décider à rompre sa vie à travers tous les luxes.

Ce fut Abelle qui vendit le diamant sous prétexte que Lucie n'entendait rien aux affaires. C'était une admirable pierre en forme de poire que la comédienne avait mise dans son petit musée de bijoux, une vraie poire pour la soif.

Il lui avait été donné par un prince moldave qui n'en savait pas le prix, héritage de famille, condamné trop longtemps à ne pas courir le monde. Il allait reprendre sa revanche.

— Quatre-vingt mille francs! dit Charles tout joyeux, en revenant de chez une femme à la mode.

Et il éventa sa maîtresse en agitant quatre-vingts billets devant ses yeux.

— Il n'y a pas de quoi rire, dit Lucie. J'ai envie de pleurer, il me semble qu'on m'arrache le cœur.

Elle prit les billets.

— Qu'est-ce que cela? des chiffons! J'en ai tant jeté au vent.

— Dieu merci! dit Abelle, je voudrais bien en ramasser quelques-uns. Tu sais que j'ai des dettes criardes.

— Des dettes criardes, mon loup! Pourquoi ne me disais-tu pas cela plus tôt?

Lucie réfléchit :

— Dites-moi, monsieur, comment faites-vous des dettes ? Est-ce que vous entretenez des demoiselles de condition ?

Lucie rappela à son amant que depuis qu'elle avait mis son monde à la porte il avait vécu chez elle à ce point qu'il ne gardait même pas son chenil de la rue de Ponthieu. Il ne sortait que pour aller dans le monde, à ce qu'il disait. L'argent de poche, il le prenait sur la cheminée de Lucie qui, pareille aux médecins célèbres, montrait toujours une poignée d'or. L'or appelle l'or.

— Ah ! tu as des dettes, mon loup ? dis-moi donc dans quel monde tu vas.

— Ma chère Lucie, je vais un peu dans tous les mondes, dans le meilleur et dans le plus mauvais. Je ne suis pas une demoiselle à marier.

— Tu joues donc ?

Lucie venait de tendre la perche à son amant qui la prit à deux mains.

— Je ne joue plus parce que j'ai trop joué ; je ne voulais pas te le dire. Tu ne t'imagines pas tout ce qu'il m'a fallu de génie pour emprunter ici, pour emprunter là. Il fallait payer dans les vingt-quatre heures ! Et maintenant je cours d'inquiétude en inquiétude.

Abelle parla si naturellement que la comédienne y fut prise.

Elle se rappela le coup de lansquenet qui commença la ruine de Gontran Staller.

— Mon cher loup! voilà donc pourquoi tu étais distrait! Que faut-il que je te donne?

— Je ne veux pas que tu me donnes, je veux que tu me prêtes. Ma famille payera cela un jour.

Abelle faisait toujours apparaître sa famille, comme un criminel fait apparaître ses complices. La vérité, c'est qu'il ne devait espérer prendre un jour que bien peu de chose dans ce modeste héritage. Et d'ailleurs son père et sa mère n'avaient pas un siècle à eux deux. Jusqu'à leur mort il n'attendait plus rien, parce qu'il les avait surmenés par ses cris de détresse.

— Eh bien! reprit Lucie, je ne compte pas avec toi. Te faut-il dix mille francs, vingt mille francs?

— Oui, vingt mille francs, répondit Charles Abelle. Peut-être me restera-t-il quelque chose que je te rapporterai, car, une fois ces dettes de jeu payées, que me faut-il pour être heureux? ton cœur d'or! Voilà toute ma fortune.

Et il embrassa Lucie avec effusion comme s'il se fondait en amour et comme si elle se fondait en or.

— Nous allons au Bois, n'est-ce pas? lui dit-elle.

L'amour l'aveuglait à ce point qu'elle trouvait tout simple de montrer son amant partout, elle qui jusque-là s'était toujours montrée toute seule pour ne pas faire de jaloux.

Charles Abelle ne voulut pas aller au Bois.

— Viens donc, mon loup, reprit Lucie.

— Non! pas aujourd'hui. Je n'ai qu'un désir, c'est de courir payer mes dettes.

Or, quelles étaient les dettes de Charles Abelle? C'étaient des dettes de cœur.

VIII

DE MADEMOISELLE TRENTE-SIX-VERTUS.

On vous a déjà parlé, dans les *Grandes Dames*, d'une demoiselle de condition — elle avait été cuisinière — surnommée Trente-six-Vertus. J'ignore l'origine de ce baptême galant. C'était une rusée coquine qui faisait danser l'anse du panier dans la cuisine de M. de Cupidon. Née en Bourgogne, où elle avait tété la vigne de bonne heure, elle n'était pas haute en couleur, mais elle était haute en gaieté. Venue à Paris à seize ans avec les vagues aspirations de la fortune à tout prix, elle s'était dit qu'il n'y a pas de sots métiers. Elle était entrée — bonne à tout faire — chez une fille de son pays qui faisait l'amour. Elle avait jugé bien vite que c'était moins difficile que de faire la cuisine. Aussi comme elle était fort jolie — fort piquante, selon l'expression des poëtes rococos, — elle avait d'abord fait patienter les amoureux pendant les absences de sa maîtresse — si bien patienter qu'un jour la dame ne trouva plus ni sa cuisinière ni son amant en titre.

Moralité : ne jamais mettre dans sa cuisine une bonne à tout faire.

On sait comment l'esprit vient aux filles. Mlle Caroline, surnommée Trente-six-Vertus, — je ne sais toujours pas pourquoi, si ce n'est par antiphrase — eut bientôt beaucoup d'esprit. Elle était douée d'ailleurs d'une belle malice naturelle, sucée dans le lait bourguignon, ou plutôt dans la vigne bourguignonne.

Dès qu'elle se fut jetée la tête la première parmi les filles de troisième ordre qui encombrent les avenues du vice parisien, elle fit du bruit par ses saillies. Parler beaucoup dans ce monde-là, c'est l'éloquence. Caroline parlait toujours. Quelle est celle qui, à force de remuer des bêtises, n'arrive à trouver un mot spirituel ? C'est le bon lot de la loterie.

Elle ne fit pas comme les nourrices bourguignonnes qui laissent un nourrisson au pays et qui envoient dans leur famille les mois de nourrice. Elle vécut au jour le jour, sans souci du lendemain, affolée des belles robes et des bijoux de pacotille. Elle prenait dans toutes les mains, il ne lui restait jamais un sou. L'intérieur de la courtisane, c'est le tonneau des Danaïdes, — si vous me permettez cette vieille expression.

Abelle avait rencontré à souper Mlle Trente-six-

Vertus. Elle l'avait ravi par son entrain diabolique. Il s'imagina que ce n'était que le caprice d'une heure, mais ce fut une vraie passion. Il prenait une femme — en passant — comme une bouteille de vin de Champagne. En une heure d'amour il croyait que la bouteille était bue, il détournait les lèvres et n'y revenait pas.

Sa figure et « sa blague » lui avaient conquis beaucoup de ces créatures qui donnent des heures de leur vie sans rien donner. Simple question de désœuvrement. Comme on le voyait depuis longtemps avec Lucie, une dédaigneuse par excellence, on jugeait qu'il était irrésistible, on ne faisait pas de façons avec lui. D'ailleurs, c'était un homme sans conséquence. De son côté, il disait que c'étaient des femmes sans conséquence, se prenant aujourd'hui à celle-ci, demain à celle-là. Gais entr'actes dans sa comédie sérieuse avec Lucie.

La cantatrice apprenait bien çà et là que son amant parlait à ces créatures, mais elle ne pouvait s'imaginer qu'on s'attardât dans ce troisième dessous, quand on a eu pour maîtresse une fille comme elle, qui avait eu une cour de princes.

Il y a trois classes de courtisanes à Paris, — sans compter celles qui jouent leur jeu avec des cartes du préfet de police. — Or, il y a peut-être plus loin de la courtisane altière qui dit à son valet de pied, *aux Italiens* ou *à l'Hôtel,* à la courtisane qui trotte menu sur les placers du boulevard des Capucines, que de la duchesse à la bourgeoise. Aussi Lucie ne voulait pas s'inquiéter des caprices de son amoureux. Mais j'oubliais de dire pourquoi Charles Abelle, adoré de Lucie, était fou de M{^lle} Trente-six-Vertus.

C'est que cette fille, qu'il avait voulu dompter comme on fait d'un cheval rétif, l'avait roulé à terre tout en se ruant sur lui. Cette bourguignonne était indomptable dans sa gaieté. Elle n'avait jamais eu son quart d'heure de sentiment. Elle se moquait de tous les hommes, ne comprenant pas que l'amour fût autre chose qu'un éclat de rire. Charles Abelle, qui avait de hautes prétentions à dominer les femmes, fut surpris d'abord de cette moquerie intarissable. Il voulut vaincre, il combattit à outrance, il se passionna, il fut pris à son jeu et ne prit pas Caroline.

Toute rieuse qu'elle fût, elle vit bien qu'il était amoureux d'elle. Elle en eut d'abord quelque fierté, car dans ce monde-là on ne juge pas les hommes pour ce qu'ils sont, mais pour ce qu'ils paraissent : Charles Abelle était à la mode dans la fripouillerie. Il amusait les unes en jouant du piano, il amusait les autres parce qu'il avait lu avant elles les petits journaux, — je veux dire les grands journaux. — Celles-ci le trouvaient beau parce qu'il avait une tête de perruquier endimanchée, celles-là le trouvaient spirituel parce qu'il se moquait d'elles.

Mlle Trente-six-Vertus ne faisait pas de façons pour recevoir tous les jours les deux ou trois louis que Lucie donnait à Charles Abelle, comme argent de poche. Naturellement il parlait de sa famille. Peu à peu, après avoir été fière de cet amour, la ci-devant cuisinière en fut heureuse. Les petits louis entretiennent l'amitié. Et puis l'amour finit par créer l'amour. Elle continuait à rire, mais elle lui disait : — Je t'aime mieux que les autres. — Être mieux aimé que les autres, c'était le sort — je me trompe, — c'était l'idéal de cet homme qui recevait de la main droite ce qu'il donnait de la main gauche sans rougir ici, puisqu'il n'avait pas rougi là-bas.

Il se réveilla, un jour, amoureux fou de Mlle Trente-six-Vertus. Il dormait encore à moitié, il embrassa furieusement Lucie, il s'était trompé de figure.

— Pourquoi n'est-ce pas si bon? se demanda-t-il.

Il se leva en toute hâte et courut chez Caroline.

— Ah! comme je t'aime! s'écria-t-il en l'embrassant à perdre haleine.

Ce cri-là, c'était le cri de la mort de Lucie.

Voilà pourquoi Charles Abelle avait des dettes de cœur, voilà pourquoi il emprunta sans vergogne vingt mille francs à sa maîtresse la riche, pour porter à sa maîtresse la pauvre. Il trouvait depuis longtemps déjà que Caroline était digne d'un piédestal. Elle vivait comme toutes les filles — du troisième dessous, — dans un hôtel meublé indigne d'elle et de lui. Habitué qu'il était au grand luxe par Lucie, il ne venait pas chez Caroline sans s'indigner de cet ameublement d'occasion qui avait été à tous et à toutes.

Pourquoi donc Caroline, qu'il jugeait plus belle que Lucie, n'aurait-elle pas aussi ses grands jours ? Elle avait été cuisinière ! mais Lucie où avait-elle donc fait l'apprentissage de la vie ? Lucie était devenue cantatrice, mais Caroline ne pouvait-elle pas devenir comédienne ? On citait déjà ses mots dans les soupers et aux courses.

Des vingt mille francs de la cantatrice, Charles Abelle fit deux parts : une pour Caroline et une pour lui. On était près du jour de l'an.

— Je vais te faire une surprise, dit-il à la ci-devant cuisinière.

En effet, le premier janvier, il se présenta chez elle à onze heures et lui dit solennellement :

— Viens, que je te conduise chez toi.

Il la mena rue de Berry dans un joli appartement où il avait réuni des meubles de toutes les paroisses.

— Quoi ! un piano ! s'écria Caroline.

Et elle joua au clair de la lune en s'accompagnant d'un coup de poing et d'un coup de pied.

— Tout cela est à moi ? reprit-elle.

— Oui, ma chère, même le propriétaire, car c'est un bourguignon.

— Mais je n'en crois pas mes yeux !

Caroline se mit à danser et à chanter comme si elle eût ouvert la porte de la Californie.

— Oh ! le beau lit, s'écria-t-elle tout à coup. Mais tu sais, je vais t'enfermer dans ma chambre à coucher et tu ne retourneras chez ta princesse que demain matin.

— Allons ! pensa Abelle, voilà que j'ai deux prisons.

IX.

LA PEINE DU TALION.

A minuit, l'amoureux en partie double était fort attendu en l'hôtel de Lucie. Il lui avait dit qu'il dînerait en famille, mais qu'il viendrait faire le réveillon avec sa maîtresse.

Il faisait le réveillon avec sa maîtresse, mais ce n'était pas Lucie.

A minuit un quart, Lucie avait vingt fois retourné les cartes du jour de l'an avec un sentiment de mélancolie, disant : — Ils pensent encore à moi. — C'était des cartes armoriées ou portant des titres de princes, de ducs, de marquis et de comtes. A peine si les barons osaient s'aventurer en si haut lieu.

Cependant, Charles Abelle ne venait pas. Qui pouvait donc le retenir ? Depuis onze heures elle l'attendait la fièvre au front. Que pouvait-il faire ?

— On s'ennuie dans la famille : il est impossible qu'il reste si tard chez son frère.

Elle appela sa femme de chambre.

— Caroline ! veillez à ce que Jean se tienne prêt à porter une lettre.

— Mais madame ne sait donc pas qu'il est plus de minuit ?

— Je ne connais pas les heures. Avertissez Jean et revenez.

Et quand Caroline fut revenue :

— Dites-moi, ma sœur vous a bien dit qu'elle viendrait demain, n'est-ce pas ?

A l'occasion du jour de l'an, Lucie qui, à force d'amour pour Charles Abelle, croyait dépouiller la courtisane et remonter vers sa vertu, avait écrit une lettre fort tendre à sa sœur.

Colombe, la petite enlumineuse de gravures qui était devenue une vraie femme, fut touchée de la lettre de Lucie, une lettre où la cantatrice avait supplié sa sœur de lui pardonner en lui donnant la main le lendemain matin à huit heures, à la messe de la Madeleine. Colombe avait répondu elle-même à la femme de chambre : « Je n'irai pas à la Madeleine, mais j'irai chez Lucie. »

Réponse inespérée ! grande joie de la comédienne, qui s'était dit tout de suite : — Si j'épousais Charles Abelle, ma sœur me reverrait.

— Comme elle est jolie votre sœur, madame ! reprit Caroline. On dirait un ange avec sa blancheur et ses yeux bleus. Rien qu'à voir ces figures-là, on a envie d'aller à la messe.

— N'est-ce pas? dit Lucie. Et quand je songe que je voulais lui donner des amants! Ce que c'est que de perdre la tête dans les premières folies! Mais je suis bien revenue de ces idées-là !

— On s'en aperçoit, murmura Caroline avec un air de reproche. Dieu merci, l'an passé au jour de l'an, on ne pouvait pas faire un pas dans le salon sans marcher sur les cadeaux. Cette année ? Rien. A peine des bonbons.

— Eh bien! je suis fière de ma solitude. Je voudrais n'avoir jamais connu personne.

— C'est égal, vous êtes comme les princes qui se moquent des titres de noblesse ; maintenant que vous avez un hôtel et des diamants, vous crachez sur les comédiennes. Voulez-vous que je vous donne un conseil, madame? pour le premier jour de l'année, ce sera mon cadeau.

Mlle Lucie se reprochait toujours de trop causer avec sa femme de chambre, mais elle ne pouvait pas rompre avec cette mauvaise habitude. Elle dit à Caroline :

— Voyons! Parlez, mais, de grâce, ne dites pas de bêtises.

— Eh bien! je parlerai sans façon. Madame veut finir comme tant d'autres, par un mariage. Ce ne sont pas mes principes, mais, enfin! je comprendrais que madame tentât l'aventure avec un homme titré ; ça a bon air, on est quelque chose. Mais un pianiste !

Lucie contint sa fureur, elle s'étonnait que cette fille osât parler aussi franchement.

— M. Abelle n'est pas un pianiste, c'est un fils de famille. Il peut aspirer à tout.

— Encore, s'il aimait madame !

— Je ne sais pas pourquoi vous en doutez, il a tout sacrifié pour moi.

Caroline partit d'un grand éclat de rire.

— Assez! assez! dit Lucie, qui ne se contenait plus, je n'ai que faire de vos yeux pour voir clair. Je vous conseille d'avoir pour M. Abelle les plus grands égards. Je vous trouve bien familière avec lui. Vous êtes comme cela, vous autres ! Vous n'estimez les gens que s'ils vous tiennent à distance. M. Abelle a le tort de faire de l'esprit avec tout le monde, même avec vous.

La femme de chambre avait reçu ses étrennes. Elle jugeait que la maison devenait mauvaise, elle riposta très-vertement.

— Eh bien! M. Abelle ne fera plus d'esprit avec moi. Je vois bien que je déplais à madame, je partirai demain pour aller dans mon pays, mais je me permettrai encore un mot. Cette abeille-là n'est qu'une guêpe qui mange le miel de madame et qui lui donnera son aiguillon dans le cœur.

— Allez! allez! dit Lucie, partez tout de suite, si vous voulez. — Du moins, vous partirez quand nous aurons soupé.

— A quelle heure, madame soupera-t-elle?

— Allez! allez! Et veillez à ce que tout soit prêt pour l'arrivée de M. Abelle.

— Et s'il ne vient pas? hasarda la femme de chambre en se retournant à demi.

— S'il ne vient pas!

Lucie bondit comme une lionne. Caroline revint vers elle.

— Écoutez, madame, je n'osais pas vous dire la vérité, mais croyez-moi. Je me rappelle toutes vos bontés et je ne parle que par amitié : M. Abelle vous trompe.

— Il me trompe! Vous ne savez ce que vous dites.

— Oui, il vous trompe, avec une fille qui s'appelle Caroline comme moi, une ancienne cuisinière, comme moi.

— Vous mentez!

Mais Lucie voyait avec désespoir que sa femme de chambre ne mentait pas.

— Je mens si peu, qu'à l'heure qu'il est M. Abelle et Mlle Caroline font réveillon sans s'inquiéter de vous. Si ce n'est pas une horreur!

— Qui vous a dit cela?

— Eh! mon Dieu! cette histoire n'est un secret que pour madame. M. Abelle se ruine avec cette fille.

Lucie pensa à ses vingt mille francs, la lumière se fit enfin sous ses yeux.

— Voyons, êtes-vous bien sûre de ce que vous dites, — Caroline?

Ce nom de Caroline ne voulait plus passer les lèvres de Lucie.

— Oui, madame, une fille de rien de tout. Ah! on ne comprend vraiment pas que M. Abelle ait pu descendre jusque-là, même s'il n'était pas aimé de madame.

— Si je croyais cela, dit Lucie, je ne le reverrais jamais. Écoutez — Caroline — pas un mot de tout cela, — et surtout ne pensez pas à me quitter. — Oh! je me vengerai.

Lucie s'était levée, elle avait la tête en feu, elle agitait la main comme si elle allait frapper sa rivale.

Il était plus de minuit et demi. Elle s'approcha de la pendule, elle alla à sa psyché, elle se trouva laide; elle donna un coup de poing dans la glace.

— Oh! madame! s'écria Caroline, vous avez brisé la glace.

— Je l'ai fait exprès, la glace cassée le premier jour de l'an, c'est un signe de malheur. Malheur sur moi! malheur sur lui!

Caroline était stupéfaite, elle n'osait plus dire un mot.

Le sang bourdonnait dans les oreilles de Lucie.

— N'a-t-on pas sonné ?

— Non, madame.

Si on sonne, qu'on n'ouvre pas. Je veux qu'il passe la nuit à la porte comme un chien.

Et presque aussitôt :

— Dites-moi — Caroline — où demeure cette fille ?

— A deux pas d'ici, rue de Berry. Je sais cela, nous avons le même boulanger et la même fruitière.

— C'est peut-être moi qui paye les notes, dit Lucie.

— Pas encore, mais cela viendra, espérons-le.

— Oh ! l'infamie des infamies ! Donnez-moi mon chapeau et ma pelisse.

— Pourquoi faire, madame ? Vous savez qu'il pleut.

— Eh bien ! nous prendrons un parapluie. Il y a cinq ans que cela ne m'est arrivé. Vite ! vite ! vite ! les pieds me brûlent, je sens l'enfer sous moi. Oh ! ma tête !

Lucie porta la main à son front en piétinant.

A cinq minutes de là, elle se promenait par la pluie avec sa femme de chambre sous les fenêtres de cette Caroline qui lui prenait son cœur et son âme.

Trois fenêtres du quatrième étage laissaient transparaître la lumière des bougies.

— C'est là, dit la comédienne. Retirez donc votre parapluie, vous m'empêchez de voir.

Lucie poussa loin d'elle sa femme de chambre.

— Mais madame va être mouillée.

— Eh bien, je serai mouillée, tant mieux ! La pluie me calmera. Qu'est-ce que ces trois fenêtres ?

— A ne vous rien cacher, madame, c'est la chambre à coucher et le boudoir. Je suis sûre qu'ils soupent dans le boudoir.

Lucie espérait encore que sa femme de chambre se trompait et la trompait. Pourtant la jalousie parlait plus haut que ses dernières illusions.

— Oui ! oui ! dit-elle, je sens qu'il est là. Il faut que je monte chez cette fille.

Et elle marcha pour traverser la rue.

— Oh ! madame ! dit Caroline en la retenant ; vous ne ferez pas cela !

— Si, je veux monter là-haut, je veux monter, les tuer tous les deux.

— Allons ! allons ! madame, nous ne sommes pas à la comédie, allons-nous-en. Ce n'est pas vous qui êtes à plaindre, c'est lui ! perdre une femme comme vous pour une pareille créature, la mort serait trop douce pour lui. Que madame ne lui donne plus d'argent, elle sera bientôt vengée, car cette fille le jettera à la porte avant peu. Il se trouvera entre deux femmes le nez par terre.

Lucie perdait toujours la tête.

— Eh bien ! si je ne monte pas, vous allez monter. Vous lui direz que je l'attends. Nous verrons s'il osera me braver le front découvert, car il s'imagine que je ne sais rien ; il se figure que je crois qu'il est en famille.

La femme de chambre eut beau faire pour retenir sa maîtresse, Lucie, pour la décider, s'approcha de la porte cochère et elle sonna résolûment.

La porte s'ouvrit.

— Montez, ou je monte moi-même. Vous direz que je suis malade, vous direz que je suis morte, vous direz tout ce que vous voudrez...

Lucie parlait encore, quand un homme sortit de la maison. Elle reconnut Charles Abelle.

Elle chancela, elle s'appuya sur Caroline. Elle ne trouva pas un mot.

Comme tous les hommes qui n'ont pas d'autres préoccupations que la femme, Charles Abelle ne vit pas deux robes devant lui sans vouloir regarder de près.

— C'est moi, monsieur ! dit gravement Lucie.

Elle était si pâle, sa figure avait pris une si triste expression, qu'il la reconnut à peine, d'autant qu'il ne pouvait s'imaginer qu'elle fût là.

Quoiqu'il fût bon comédien, il fut quelques secondes sans pouvoir parler.

Lucie était à moitié évanouie dans les bras de Caroline.

— Qu'y a-t-il? demanda enfin Charles Abelle.

— Il y a, monsieur, que madame est bien malade et qu'elle ne s'en relèvera pas, répondit la femme de chambre.

— Je ne comprends pas.

— Et moi je ne vous comprends pas, reprit hardiment cette fille.

Le temps des colères était déjà passé pour Lucie. Elle en arrivait à cette nouvelle phase de la passion où l'on ne s'explique plus que par les larmes. Son malheur, si soudainement révélé, lui paraissait si grand qu'elle ne se sentait pas la force de se plaindre.

— J'allais chez toi, reprit Abelle.

— Ah oui! reprit-elle avec amertume, je te trouve sur le chemin. Eh bien! viens chez moi, tu verras ce que tu as fais de moi si je ne meurs pas en chemin.

Il voulut lui prendre le bras, mais elle retrouva toutes ses forces pour le repousser.

— Oh non! dit-elle, ne me tuez pas tout à fait.

On rentra à l'hôtel.

Quand Charles Abelle vit sa maîtresse dans le petit salon où elle l'avait attendu si longtemps, heureuse d'abord, inquiète ensuite, jalouse et désespérée au dernier moment, il fut frappé de sa blancheur de marbre. Tout le sang était au cœur, elle se trouva mal à trois reprises. Il reconnut bien que celle qui avait joué tout le monde ne jouait pas son jeu pour lui.

Oh! comme elle payait bien toutes les tortures qu'elle avait fait subir à Gontran Staller et aux autres.

Elle adorait Charles Abelle, elle lui avait tout sacrifié, son théâtre, sa fortune, son monde. Toute sa vie était en lui désormais. C'était pour lui qu'elle bâtissait dans son imagination son dernier château de cartes : il la trahissait, elle qui était belle, qui était fière, qui était à la mode, pour une fille de la pire espèce.

Et qui sait s'il n'aimait pas cette fille?

Son premier mot, quand elle put parler, fut celui-ci, dit de la voix la plus douce :

— Mon ami, puisque vous ne m'aimez plus, pourquoi êtes-vous venu ici?

— Comment, je ne t'aime plus!

Et Charles Abelle se jeta aux pieds de Lucie. Il éclata en sanglots, il trouva des larmes.

Cet homme était capable de tout.

— Mais si tu m'aimes, pourquoi me trahir?

Charles Abelle voulut d'abord tenter un mensonge; mais il vit bien que Lucie savait tout!

Il se frappa le cœur, il se maudit tout haut d'être indigne de Lucie, il se roula à terre en implorant son pardon. C'était un quart d'heure de débauche, il jura que jamais il ne retomberait dans de pareilles indignités.

Lucie pleura beaucoup.

— Vois-tu, lui dit-elle, ton amour, c'est ma vie et ma mort. Dis-moi toute la vérité. Si tu m'aimes, je te pardonne. Si tu ne m'aimes plus, va-t'en.

— Ton amour, reprit Charles Abelle, c'est aussi ma vie et ma mort. Vivre sans toi, ce serait mourir. Vivre avec toi, c'est vivre.

Lucie pardonna.

— Eh bien ! se dit Caroline furieuse, il ne me reste plus qu'à faire mes paquets.

— Madame, dit-elle tout haut, voulez-vous me permettre de partir demain matin pour aller voir ma mère ?

— Cette nuit si vous voulez, dit froidement Lucie, qui voulait rentrer dans ses illusions.

X.

PARFUM DE VERTU AU SEUIL DE LA COURTISANE.

Charles Abelle continua son double jeu, jouant la passion avec Lucie, mais n'aimant que l'ex-cuisinière.

On commençait à parler dans le monde des malheurs de la cantatrice. On disait qu'elle était affolée d'un drôle qui la battait et qui la ruinait pour une drôlesse.

On disait d'ailleurs que c'était bien fait, on n'oubliait pas que Lucie, elle aussi, avait joué le double jeu de la tromperie et de la coquinerie. Combien qui avaient souffert! combien qui s'étaient appauvris sur son chemin! sans parler de ceux qui en étaient morts!

Mais il en est de ceci comme des criminels condamnés à la guillotine. Tant qu'ils ne sont pas jugés on s'indigne de leur crime, quand vient l'heure de la toilette on se prend de pitié pour eux.

La pâleur et la tristesse de Lucie finirent par émouvoir les plus endurcis et les plus sceptiques. On avait nié d'abord qu'elle pût jamais aimer, mais il n'y avait plus à en douter. Elle se ruinait pour son amant, elle s'était jetée dans sa passion comme dans un abîme, elle ne s'en relèverait pas.

On afficha bientôt son hôtel. On se demanda partout si la ci-devant cuisinière ne l'achèterait pas. Cette fille en effet marchait en sens contraire. Pendant que Lucie descendait à sa ruine, elle montait vers la fortune.

Un jour que Lucie, qui n'avait plus ses chevaux, allait au Bois dans un simple fiacre, non pas pour les promeneurs, mais pour le Bois parce qu'elle voulait respirer une bouffée d'air pur, elle reconnut, dans un coupé traîné par deux chevaux anglais, Charles Abelle et sa rivale.

Ce fut un coup mortel. Elle croyait vaguement que son amant voyait encore çà et là cette fille, mais il en voyait tant d'autres. Était-il possible que ce fût lui qui l'accompagnât au Bois, était-il possible que ce fût elle qui eût de si beaux chevaux !

— Ah ! murmura-t-elle, cet homme c'est mon bourreau.

Elle n'eut pas le courage de les voir une seconde fois. Elle rentra chez elle pour cacher ses hontes et ses larmes.

On lui annonça sa sœur, elle courut à elle et l'embrassa.

— Ah! Colombe! Colombe! dit-elle, aie pitié de moi! Je suis bien malheureuse! Quelle rude expiation! Cet homme que tu hais, cet homme qui m'a promis de m'épouser, me fera mourir avant le mariage. Il est déjà cause de ma ruine, il sera cause de ma mort.

Et elle raconta tout à Colombe : comment Charles Abelle s'était imposé chez elle; comment elle avait subi sa domination tout en se révoltant; comment il était devenu maître absolu de son pauvre cœur et de sa pauvre tête; comment elle lui obéissait aveuglément, elle qui n'avait jamais obéi à personne. Et tous ses mensonges, et toutes ses trahisons, et toutes ses infamies!

— Eh bien! dit Colombe, il faut lui fermer ta porte. Tout n'est pas perdu quand on croit en Dieu.

— Mais il me cache Dieu! je ne vois que lui, toujours lui, c'est mon supplice.

— Si tu le méprises, tu ne l'aimes pas.

— Je le méprise et je l'aime! Voilà mon châtiment! Il y a un an que je lutte, que je veux l'arracher de mon cœur. Et plus je veux le haïr et plus je m'attache à cette croix. J'y suis crucifiée toute vivante. Je ne dors pas, la jalousie me déchire le cœur. J'ai l'enfer dans la tête. Ah! Colombe, Colombe! mets là tes lèvres de femme honnête sur mon front.

Lucie tomba agenouillée devant sa sœur.

Colombe embrassa Lucie de ses lèvres toujours virginales.

La malheureuse fille sourit. Il lui sembla qu'un souffle du ciel avait passé dans ses cheveux brûlés.

Colombe était à peine sortie quand Lucie reprit un fiacre pour aller au Père-Lachaise.

— La tombe de M. Gontran Staller? demanda-t-elle à un des gardiens.

On la conduisit sur la hauteur, non loin du tombeau de M. de Morny.

Elle lut le nom de celui qui s'était tué pour elle. Elle tomba agenouillée et pleura longtemps.

Pleurer c'est prier.

Elle s'enfuit comme une voleuse en reconnaissant tout à coup la sœur de Gontran Staller.

Au retour du cimetière, elle vit Abelle à sa porte.

Elle ne lui dit pas un mot : il ne l'avait pas vue au Bois; elle ne voulait pas s'humilier en lui montrant sa jalousie.

— Tu ne sais pas, dit-il gaiement, je viens du cercle. J'ai parié que tu n'avais que vingt-deux ans. J'ai perdu, on a produit ton extrait de naissance. J'espère que c'est un pari chevaleresque? Donne-moi mille francs.

Ce mensonge fut une nouvelle blessure.

Il n'y avait que deux mille francs à la maison. Lucie alla chercher en silence un billet de mille francs et le remit dans la main de son amant.

Elle le regarda gravement, comme si elle voulût chercher son âme dans ses yeux.

Elle le trouva plus beau que jamais. Quoi qu'il fît il gardait son prisme devant elle : elle était encore ensorcelée.

Chaque fois qu'elle voulait rompre tout à fait, elle se disait : « Il faut prendre patience, il me reviendra. »

Elle croyait le regagner à force de bonté et de douceur.

Il voulut l'embrasser dans sa joie d'avoir mille francs.

— Non, lui dit-elle, pas maintenant, ce soir.

Le soir, quoiqu'il vînt de bonne heure, il trouva Lucie couchée.

— Madame est très-malade, lui dit la femme de chambre.

Ce n'était plus Caroline.

Où était allée cette fille?

Caroline servait alors l'autre Caroline, disant, en parlant de Lucie, qu'elle n'aimait pas les soleils couchants.

— Pourquoi madame est-elle malade? demanda gaiement Charles Abelle.

— Le médecin m'a fait la même question. Il a demandé qu'est-ce qui était arrivé à madame aujourd'hui. Je lui ai répondu que je n'en savais rien.

Lucie avait une forte fièvre. Les fantômes du délire s'agitaient sous ses yeux.

— Gontran, dit-elle, en tendant la main à Charles Abelle.

Le drôle eut peur. Il savait l'histoire de Gontran Staller, il savait comment Lucie l'avait ruiné, comment dans sa misère et son désespoir il s'était brûlé la cervelle.

— Qui sait, dit-il en pâlissant, si ce ne sera pas pour elle le même dénoûment ?

XI.

LE VOLEUR ET LA MORT.

C'en était fait, Lucie ne devait pas se relever. Elle avait brûlé sa chandelle par les deux bouts. Une chandelle romaine d'un côté, un cierge de deuil de l'autre. Elle avait tourbillonné dans la joie, elle devait se coucher dans la douleur. Le bonheur l'eût fait vivre plus longtemps ; mais dévorée par les âpres tourments de la jalousie, après l'avoir été par les joies stériles de l'orgueil, elle allait s'éteindre dans quelques jours.

Quand les femmes galantes ne trouvent pas un oreiller pour calmer leur tête, après les hautes folies de leurs premières cascades, elles meurent de leur jeunesse. Vrai feu de joie sur lequel on ne jette pas un seau d'eau. Quelques-unes se traînent dans la misère en gardant encore un sourire ; quelques autres prennent le bon lot ; elles se survivent par leur famille ou par leurs enfants, çà et là, par un amour qui les sauve.

Lucie était de celles qui meurent par un amour qui tue.

Ni le souvenir de sa vie, ni la vue de sa beauté, ni sa fortune, ni son luxe, ni ses amitiés ne purent rien contre cet homme de malheur, le dernier qu'elle dût aimer, la punition de tous ses péchés.

Était-ce la main de la Providence qui se montrait là terrible dans sa vengeance? Était-ce le hasard des choses, qui frappe souvent juste parce qu'il ne se trompe pas toujours quand il jette la première pierre à une femme?

Le médecin de Lucie craignait une fièvre cérébrale. Il demanda à Charles Abelle si elle avait du chagrin.

— Du chagrin! répondit-il, mais c'est la femme la plus heureuse du monde! Depuis qu'elle a abjuré le passé, elle n'a plus qu'une idée, c'est d'être ma femme.

Le drôle prit un certain air de dignité.

— Mais vous comprenez, continua-t-il, que tout en lui promettant de l'épouser bientôt, je me réservais le consentement de ma famille. Les gens bien élevés n'épousent pas leur maîtresse.

Le médecin regarda Charles Abelle comme pour lui dire : Les gens bien élevés ne vivent pas de leur maîtresse.

— Voyez-vous, lui dit-il, si je vous questionne sur le chagrin de Lucie, c'est pour savoir s'il est irrémédiable. Je crois que je la connais bien. Elle a une vraie soif de réhabilitation ; si vous ne vous mariez pas avec elle, je ne la sauverai pas.

— Je ne puis pourtant pas l'épouser à brûle-pourpoint, pendant ses heures de délire.

— Après cela, dit le médecin en s'en allant, épouser cet homme-là, ce serait encore une déchéance ! Je m'en lave les mains.

Quelques jours se passèrent. La malade était plus malade.

Un soir, elle appela d'Aspremont.

Il savait ses larmes, il vint.

Il vint pour lui parler de Dieu : elle lui parla de Gontran Staller.

— C'est étrange, lui dit-elle, il me semble que tout l'amour que j'avais pour Charles Abelle n'est qu'une illusion ; je ne puis le voir sans qu'il porte la figure de Gontran Staller, c'est lui que j'ai aimé, c'est lui que j'aime encore.

D'Aspremont, qui était un philosophe, cherchait à expliquer ce mirage, quand Lucie reprit, en lui tendant la main :

— J'ai été infâme avec votre ami ; mais j'ai tant souffert qu'il faut me pardonner. Pardonnez-moi en son nom. Je vais mourir ; vous m'enverrez un prêtre demain matin. J'espère que Dieu lui-même me pardonnera.

D'Aspremont voulut consoler Lucie et la rappeler à l'idée de la vie.

— Non, dit-elle, je ne demande qu'une grâce : celle d'être enterrée dans la tombe de Gontran Staller. Je suis allée y pleurer, j'y ai rencontré sa sœur. Demandez-lui cela pour moi ; il m'a tant aimée, — lui, — que je suis sûre qu'il m'attend.

D'Aspremont était ému. Il ne pouvait comprendre comment la haine qu'il avait pour Lucie s'était tout à coup changée en pitié. Rien n'est éternel dans le cœur humain : c'est une maison où viennent habiter tour à tour les sentiments les plus opposés. Tous les péchés, toutes les vertus y ont élection de domicile. Le cœur n'est pas un monde, c'est tous les mondes.

D'Aspremont promit à Lucie que si elle mourait, elle serait enterrée à côté de Gontran Staller.

Aux dernières heures de la vie, on se retourne vers les aubes matinales, on oublie les dernières routes parcourues, on se retrempe pour faire le voyage de la mort dans les fraîches senteurs de la jeunesse. Lucie se rejetait avec passion vers le beau temps, ses débuts dans la vie, ses débuts dans l'amour et au théâtre. Elle se fit apporter son portrait peint par Eugène Deschamps.

— Ah ! comme j'étais heureuse en ce temps-là.

Elle vit passer la figure mélancolique de Gontran Staller.

— Pourquoi ne l'ai-je pas mieux aimé ? s'écria-t-elle.

Et elle avait le frisson en pensant à cette dernière rencontre quand il était venu tout fripé par l'insomnie et par la misère pleurer sous les fenêtres de l'hôtel qu'il lui avait donné. Elle avait horreur d'elle-même, elle aurait voulu faire pénitence, elle trouvait que Charles Abelle ne l'avait pas assez meurtrie dans ses trahisons.

Le comte Aspremont était encore là : on vint annoncer son amant.

— Je ne veux plus le voir, dit Lucie en se cachant la tête dans les mains ; c'est ma honte, c'est ma mort.

D'Aspremont crut que c'était un cri du cœur, il dit tout haut au domestique :

— Avertissez ce monsieur qu'il ne sera plus reçu ici.

— Attendez, dit Lucie, ne lui dites pas cela aujourd'hui. Je veux le revoir une dernière fois, je veux lui dire moi-même que je ne l'aime plus, que je ne l'ai jamais aimé.

D'Aspremont prit froidement son chapeau.

— Vous viendrez me revoir, n'est-ce pas ? dit la mourante.

— Non, j'aurais trop peur de rencontrer votre amant.

— Je vous jure que demain il ne repassera plus par cette porte.

— Eh bien ! je reviendrai demain. Et si vous mettez cet homme à la porte, je vous amènerai une sœur de charité.

Un éclair de joie passa sur la figure de Lucie.

— Le repentir, dit-elle, c'est déjà le ciel !

D'Aspremont passa dans le salon voisin le chapeau sur la tête devant Charles Abelle qui essaya un sourire.

— Comment va-t-elle ? dit-il, en voulant arrêter le comte.

Mais il fut pétrifié par un regard qui lui dit : Monsieur, je ne vous connais pas.

Pour se venger de cette humiliation, il entra lui-même chez Lucie le chapeau sur la tête.

— Qu'est-ce donc que ces manières ? dit-il en entrant.

Lucie eut peur. Il l'avait dominée par l'amour, il la dominait encore par la terreur. Dès qu'il n'était plus là, elle croyait que tout était fini ; dès qu'il reparaissait, elle retombait dans son esclavage, parce qu'elle ne retrouvait pas en elle assez de vertu pour vaincre sa lâcheté.

— Mon ami, lui dit-elle de sa voix la plus douce, je sens que je vais mourir, souvenez-vous de moi qui vous ai tant aimé.

La colère de Charles Abelle tomba comme la dignité de Lucie. Il la trouvait changée encore depuis le matin. Il pressentit qu'elle mourrait bientôt.

— Dis-moi, mon ami, reprit-elle en se ranimant, que feras-tu quand je serai morte?

— Tu ne mourras pas! mais si tu mourais, je vivrais encore de ta pensée.

Lucie sourit amèrement.

— Avec les autres. Mais je te pardonne, car je me souviens que tu m'as aimée. C'est égal, vois-tu, il faut devenir sérieux, il faut te remettre au travail, car tu n'as pas de fortune et il m'en reste si peu!

Charles Abelle regarda Lucie comme pour deviner sa pensée.

— Et d'ailleurs, dit-il, ta fortune n'est pas à moi.

— Oh! murmura-t-elle, je ne veux pas mourir sans faire un testament!

Charles Abelle eut toutes les peines du monde à voiler sa joie. Il avait calculé qu'il restait bien encore cent mille francs à Lucie si on vendait tout. Elle avait gardé dans sa misère le plus beau linge et la plus belle argenterie comme pour s'aveugler encore. Donc il vendrait tout cela, il vendrait ses dentelles, ses robes de théâtre, ses merveilleuses chemises qui eussent passé dans le trou d'une aiguille, — ou bien il donnerait tout cela à Caroline!

Mais il fallait un testament. Il jugea que Lucie pouvait mourir avant de l'avoir écrit : il se promit de ne plus la quitter pour saisir l'occasion de lui mettre la plume à la main.

Il resta toute la soirée.

Vers onze heures, il ramena les idées de Lucie vers le testament.

— A propos, dit-il, jouant bien son jeu, il faut que j'écrive à mon frère; as-tu là une plume?

Lucie souleva sa main blanche et sonna sa femme de chambre.

Cette fille apporta « tout ce qu'il faut pour écrire. »

— Mettez cela sur la table de nuit, dit Charles Abelle.

La femme de chambre demeurait tristement debout devant le lit. Il lui fit signe de s'éloigner, comme s'il voulait faire un mauvais coup.

Et il commença une lettre pour donner à Lucie l'idée d'écrire.

— Vois-tu, Lucie, reprit-il, ce que j'ai à lui dire durera plus longtemps que si j'écrivais moi-même mon testament.

Lucie fermait à demi les yeux comme si elle n'eût pas la force d'écouter ni de répondre.

— J'y pense, dit tout à coup Abelle, pourquoi ne ferais-je pas moi-même mon testament? Après tout, tu pourrais vivre plus longtemps que moi.

Il déchira la lettre commencée et écrivit ceci en toute hâte :

« *Je lègue à M*^{lle} *Lucia Moroni — ma fiancée*

« — *tous les biens meubles et immeubles qui m'ap-*
« *partiendront au jour de mon décès, sans excep-*
« *tion ni réserve.* »

Il data, il signa et il passa le papier devant les yeux de Lucie.

Elle lut et elle le remercia en lui tendant la main.

— N'est-ce pas que c'est bientôt fait ?

— Oui, dit-elle, mais tu as écrit mon nom de guerre. Et puis ce n'est pas sur papier timbré.

— C'est tout aussi bon. Il n'y a qu'une amende à payer tout en faisant timbrer le papier qui ne l'est pas.

— C'est égal, quand je ferai mon testament, je le ferai sur du papier timbré.

Le désespoir passa dans l'âme du drôle. Il ne voulut pas que tout fût perdu encore.

— Je te jure que tu n'as que trois lignes à écrire comme je viens de faire au bas de mon testament, si tu veux faire le tien. Ce sera valable comme si la loi et les prophètes y eussent passé.

Soit que Lucie n'eût pas la force de remuer la main pour écrire, soit qu'elle comprît le sentiment qui inspirait Charles Abelle, elle lui répondit :

— Demain.

Et elle reprit :

— Demain ce sera le grand jour. On m'enverra un prêtre pour me donner l'Extrême-Onction et je demanderai que mon notaire vienne. Je veux que mon testament soit bien fait.

Abelle ne savait plus comment se raccrocher aux branches.

— Je te jure, dit-il, que le notaire est bien inutile. Au contraire, ce qu'on cherche, c'est la sincérité. C'est au point que les fautes d'orthographe sont précieuses dans un testament.

Lucie n'entendait pas ou faisait semblant de ne pas entendre.

— Elle dort, dit Abelle en laissant tomber sa plume avec désespoir.

Quand le médecin vint une demi-heure après, Lucie dormait encore. Après l'avoir regardée, le médecin secoua la tête et dit à son amant :

— Voilà une femme qui n'ira pas loin. La mort a déjà mis sa marque sur la figure. Dieu, comme elle est tombée depuis hier !

Il lui prit la main.

— C'est extraordinaire ! elle n'a plus de pouls. Je la croyais plus forte que cela.

Il la réveilla, il souleva l'oreiller sous sa tête.

— Eh bien, lui demanda-t-il gaiement, comment allons-nous ce soir ?

— Bien ! répondit Lucie.

— Avez-vous pris ma potion ?

— Non, j'ai horreur de tout. Et puis je meurs de sommeil.

— Eh bien, il faut dormir.

— Oh ! oui. Défendez-lui, poursuivit-elle en indiquant Charles Abelle, de griffonner à mon oreille.

— Elle a raison, dit le médecin, vous pouvez bien attendre à demain pour faire votre correspondance.

Lucie s'était retournée vers la ruelle du lit.

— Adieu, docteur ! Venez demain après midi, car le matin j'attends Monsieur le curé.

Mais à ce dernier mot elle rappela le médecin.

— Docteur, il neige, les pauvres ont froid, soyez assez mon ami pour donner mon dernier billet de mille francs à vos pauvres.

Elle soupira.

— Hélas, je n'ai pas mes pauvres, moi ! ajouta-t-elle amèrement.

Elle prit un billet de mille francs sous son oreiller et le tendit au médecin.

Mais Abelle qui était plus près d'elle dit vivement :

— Ne vous donnez pas la peine, docteur. Elle se calomnie en disant qu'elle n'a pas ses pauvres : je les connais bien, moi, et je sais où les trouver.

Abelle avait pris le billet de mille francs. La mourante parut ne pas comprendre, tant la mort la dominait déjà par son sommeil.

Abelle volait les pauvres !

Le médecin qui s'était éloigné appela l'amoureux.

— Mon cher monsieur, lui dit-il, cette femme est à toute extrémité, ce n'est pas elle qui recevra le bon Dieu demain, c'est le bon Dieu qui la recevra. J'ai une femme en couches tout près d'ici, je reviendrai au point du jour.

La nuit fut tour à tour rude et douce à la mourante. Elle dormit tantôt calme et souriante, tantôt avec les affres de la mort.

Charles Abelle ne pensait qu'au testement. Comment faire? comment la décider à écrire? S'il lui prenait la main comme on fait aux écoliers? Trois lignes c'est sitôt fait.

Le matin il se rapprocha de Lucie et tenta encore mais vainement de lui mettre la plume à la main. C'était une main morte, une main déjà froide.

Il regarda autour de lui de l'air d'un homme qui voit son bien lui échapper.

— Hier, dit-il, tout cela était à moi! Maintenant tout est perdu!

Il ne pouvait se faire à cette idée que les dernières épaves de la fortune de Lucie ne fussent pas à lui.

— Que fera-t-on de cela? disait-il. C'est mon bien!

XII.

LA PENDULE QUI MARQUE LES HEURES D'AMOUR.

Lucie avait gardé de son ameublement princier presque toute la chambre à coucher. Elle n'avait jamais voulu vendre une adorable petite pendule Louis XVI en argent massif relevé d'or, qu'on estimait dix mille francs. C'était son dernier luxe. Cette pendule avait sonné les meilleures heures de sa vie. Elle lui parlait comme à une confidente. C'était sa dernière amie.

— Par exemple, dit Abelle, cette pendule-là, je l'emporterai chez moi. Dans le brouhaha de la dernière heure, personne ne s'en apercevra.

Il pensait d'ailleurs à mettre à la place la petite pendule du boudoir.

Depuis quelques heures Lucie ne répondait plus quand il lui parlait, elle le regardait et semblait ne plus le voir.

Croyant que Lucie dormait, il s'approcha de la cheminée et souleva la pendule en argent comme pour s'assurer qu'elle était facile à emporter sous son mac-farlane.

— Tant pis, dit-il, si on me la réclame, je dirai qu'elle mé l'a donnée.

Mais voilà qu'à cet instant, Lucie lui demanda quelle heure il était.

Il tressaillit.

— Cette pendule est arrêtée, répondit-il, veux-tu que j'apporte ici celle du boudoir?

— Non! remonte celle-ci, tu sais comme je l'aime. C'est celle qui marquera ma dernière heure. Te souviens-tu comme sa sonnerie était douce, quand je ne jouais pas le soir et que nous disions des folies?

— O mon Dieu! pensa Abelle avec désespoir la voilà qui va mieux.

Lucie souleva la tête.

— J'étouffe, donne-moi un verre d'eau et ouvre la fenêtre.

Charles Abelle s'empressa d'ouvrir la fenêtre. Quand il apporta le verre d'eau, Lucie avait refermé les yeux.

— C'est fini! dit-il, elle est morte!

Il lui prit la main, il la laissa retomber.

— Déjà glacée!

Il reprit une seconde fois la main et lui vola une bague en diamant, les seules pierres que Lucie eût conservées.

Il retourna à la pendule. Mais la femme de chambre pouvait le voir.

Il alla chercher son mac-farlane. La femme de chambre sommeillait dans la salle à manger.

— Eh bien ! monsieur, comment va madame ?

— Elle dort. Je vais sortir un instant, je reviendrai dans une heure.

Il mit son mac-farlane, il rentra dans la chambre à coucher, il prit la pendule.

Il ne voulait pas retourner la tête, mais la mort appelle les vivants. La mort garde une puissance occulte qui force les yeux à la regarder.

Abelle se rapprocha du lit comme pour dire adieu à Lucie.

Mais sous sa main la pendule sonna.

Lucie rouvrit les yeux.

— Tu vois bien qu'elle va ! murmura-t-elle comme si elle se réveillait d'un long sommeil.

On sait que la dernière pensée des mourants est une inquiétude du temps : ils demandent toujours l'heure, comme s'ils pressentaient qu'ils entendront bientôt sonner l'heure de la vie éternelle.

Abelle fut saisi comme un voleur qui voit un gendarme.

— Attends donc, reprit Lucie, en lui faisant signe de se détourner, laisse-moi voir l'heure qu'il est.

Il obéit malgré lui.

— Ma pendule ! où est ma pendule ? s'écria-t-elle.

La pendule qui marque les heures d'amour. 261

Cette femme, qui peut-être ne se fût jamais réveillée si elle n'eût pas entendu la sonnerie, reprit un dernier élan : elle se jeta hors du lit et elle se traîna à la cheminée.

— Ma pendule ! ma pendule ! dit-elle encore.

Elle était effrayante. Son amant, tout épouvanté de lui-même et d'elle-même, lui saisit la main pour l'empêcher de tomber.

Dieu avait voulu que toute lumière se fît dans l'âme de Lucie, car elle vit au doigt de Charles Abelle sa bague en diamant.

— Qu'as-tu fait ! lui cria-t-elle.

Elle ouvrait ses grands yeux sur lui pour lui demander s'il avait pris la bague comme un souvenir d'amour.

Mais les mourants ont la seconde vue.

— C'est pour le diamant, dit-elle.

Elle se cacha les yeux, toute chancelante.

Abelle voulut l'empêcher de tomber, mais dans ce mouvement le mac-farlane s'ouvrit et Lucie aperçut la pendule.

— Voleur ! dit-elle.

Elle tomba sur ce mot.

XIII.

LE COUP DE L'ÉTRIER.

Charles Abelle s'était enfui avec épouvante. Il n'avait pas mesuré sa forfaiture. Il n'avait pas envisagé son infamie.

Il avait obéi à cet odieux amour de l'or que lui inspirait son amour pour l'ancienne femme de chambre de Lucie.

Aussi en s'enfuyant, comme il regarda son action face à face, ou plutôt comme il sentait encore le regard terrible de Lucie, il jeta la pendule sur un canapé et se précipita à moitié fou hors de l'hôtel.

Il heurta en passant Eugène Deschamps.

Lucie avait écrit la veille à son premier amant de venir lui dire adieu. Il lui semblait qu'Eugène Deschamps lui apporterait une bouffée de jeunesse.

Elle voulait d'ailleurs lui donner un souvenir si elle mourait.

— Qu'est-ce qu'il a donc celui-là! murmura le peintre en voyant passer Abelle.

Depuis longtemps il attendait une occasion de

lui dire ce qu'il pensait de lui, il le fit très-éloquemment en levant la main comme pour lui donner un soufflet.

Charles Abelle ne s'indigna pas. Il s'enfuit plus vite encore.

— Eh bien ! à la bonne heure, dit Eugène Deschamps, en entrant dans le vestibule.

Il remarqua un grand désordre dans la maison.

L'amant en titre de Lucie n'avait pas été le seul à prendre sa part du butin.

Le jeune peintre ne rencontra âme qui vive.

Il ne savait pas que Lucie fût si malade. Il frappa à la porte de la chambre à coucher quoiqu'elle fût ouverte.

Passant de la vive lumière dans le demi-jour il ne vit d'abord que la nuit.

Peu à peu il entrevit Lucie agonisant au pied de son lit. Il s'approcha d'elle avec un violent battement de cœur.

— Pauvre fille, dit-il en la voyant à son dernier soupir, déjà blanche comme la mort.

Il lui prit la main, — une main glacée.

— Lucie ! Lucie ! cria-t-il, comme s'il craignait de ne plus être entendu.

Lucie étouffait.

Elle le regarda avec des yeux égarés.

Elle le repoussa d'abord croyant que c'était Charles Abelle.

— Lucie, Lucie, cria encore Eugène Deschamps.
Elle souleva la tête.

— Ah c'est toi! murmura-t-elle, en essayant un sourire.

Et elle lui prit la main et elle l'attira à elle.

— Dieu m'a donc pardonné, reprit-elle, en cherchant chaque mot.

Il avait fallu cette visite inattendue pour qu'elle s'efforçât de vivre encore un instant.

— Dieu m'a donc pardonné? reprit-elle : j'attendais un prêtre, pour ne pas mourir comme un chien; mais toi, tu prieras pour moi. Ah! si tu savais comme je t'ai aimé! Donne-moi ce crucifix qui est là-bas sous le bouquet de buis.

Eugène Deschamps présenta le crucifix aux lèvres blanches de Lucie.

— C'est bon d'aimer Dieu, dit-elle en joignant les mains.

Et après un silence :

— Si tu avais voulu, je ne serais pas aujourd'hui la dernière des femmes. J'aurais vécu avec toi comme ta servante. C'est toi qui m'as condamnée à vivre et à mourir comme une fille de mauvaise vie.

Eugène Deschamps soulevait Lucie dans ses bras. Quoiqu'il eût l'habitude de ne rien prendre au sérieux, il laissa tomber deux larmes sur la main de sa première maîtresse.

— Eh bien! lui dit-il, je vivrai pour toi.

Lucie sourit amèrement.

— Oui, oui, murmura-t-elle, tu vivras pour moi, maintenant que je suis morte.

Ce fut son dernier mot. Cette secousse l'avait achevée.

Vainement Eugène Deschamps l'embrassait-il et lui parlait-il : l'âme n'était plus là.

— C'est vrai, dit-il, qu'il ne faudrait qu'un peu d'amour pour empêcher toutes ces filles de devenir des filles perdues.

FIN.

LA COMÉDIE PARISIENNE

D'ARSÈNE HOUSSAYE

CRITIQUE DE PAUL DE SAINT-VICTOR

I.

LES GRANDES DAMES [1].

La Liberté, septembre 1868.

Ces *Grandes Dames* de M. Arsène Houssaye, qui font autant de bruit qu'en faisaient jadis celles de la *Tour de Nesle* (« c'étaient de très-grandes

---

[1]. L'Éditeur réimprime ici ces belles pages de M. Paul de Saint-Victor sur les Romans parisiens de M. Arsène Houssaye. Voilà l'exemple de la haute et lumineuse critique. C'est l'âme même du livre avec le rayonnement d'un esprit tour à tour sympathique et sévère. M. Paul de Saint-Victor n'est-il pas ici lui-même, en ces quatre études, un grand peintre de mœurs?

On verra dans ces pages ce que dit M. Paul de Saint-Victor de la figure de Lucie et de ses amants, car cette histoire était mal à propos éparpillée en plusieurs épisodes des *Grandes Dames* comme autrefois *Manon Lescaut* dans les *Mémoires d'un homme de qualité*.

Ici en un seul volume l'*Histoire d'une fille perdue* renferme sa moralité plus soudaine et plus énergique.

L'ÉDITEUR.

dames, messeigneurs ! »), remplissent de leurs aventures un livre discutable sans doute, où la fantaisie tient presque autant de place que la vérité. Mais tel qu'il est, ce roman hardi et curieux, avec ses tableaux et ses portraits pleins d'actualité, imprégné d'un vif sentiment de la vie moderne, prendra place un jour parmi les mémoires familiers de l'étrange époque où nous sommes.

Sous la forme d'une historiographie romanesque, dans le canevas d'une intrigue aux plis relâchés, l'auteur a fait entrer une foule de scènes, de croquis, de tableaux de mœurs, pris sous tous les aspects du monde parisien. Il suppose, en commençant, que son héros lui a légué l'histoire de sa vie, renfermée dans un cabinet d'ébène, aux tiroirs remplis de lettres et de portraits de femmes. C'est l'image même du livre composé sur le plan des « comédies à tiroirs, » fait d'épisodes enchâssés dans une seule action. Vous ouvrez tour à tour chacun des chapitres et vous y trouvez des notes intimes et des billets doux, des pages brûlantes et des photographies féminines, des esquisses de Bade et d'Ems, des promenades au Bois et des bals masqués. Un lien flottant, qui suffit pourtant à soutenir l'intérêt, relie ces pages couleur du temps : leur ensemble forme et déroule comme un panorama du monde du plaisir.

Ce titre : *Les Grandes Dames*, semble risqué en bien des endroits. Il y a beaucoup de petites dames dans le roman de M. Arsène Houssaye. Mais l'originalité de la société qu'il dépeint est justement dans ce pêle-mêle de liaisons, de modes, de mœurs, de langages qui rapproche et parfois confond des mondes séparés autrefois par d'infranchissables abîmes. Depuis quinze ans l'éducation relâchée, la fusion des sociétés disparates, la hausse des besoins, la baisse de l'argent, l'ostentation du luxe, la rivalité des parures, les Eaux et les Courses, le Lac et la Plage, tous ces éléments combinés ont produit une génération, — c'est trop dire, — mais tout au moins une classe de femmes qui, sur les hauteurs mêmes de la société, ne se distinguent pas bien nettement de leurs antipodes. La curiosité a commencé ce mélange : cette curiosité malsaine et scabreuse que le vice inspire à la vertu, et la courtisane à la femme honnête. Le cas est bizarre, il n'est pas niable. Pénélope, de la fenêtre de son gynécée, regarde souvent dans le boudoir de Phryné; Cornélie écoute aux portes de Messaline; Madame la la duchesse s'informe des aventures de Mademoiselle la drôlesse. Qui n'a remarqué, aux ventes de mobiliers des célébrités de la galanterie, l'empressement des femmes du monde ravies de pouvoir, une fois au moins, pénétrer, sans honte, dans le sanctuaire de la Vénus impudique ! Elles dévorent des yeux son luxe profane; elles respirent avidement les senteurs aphrodisiaques qu'il exhale. On en a vu se faire adjuger un lambeau de ces chiffons souillés; on en a vu se disputer, au feu des enchères,

> Jusqu'au lit profané des pâles courtisanes.

De la curiosité à l'imitation, il n'y a qu'un pas lestement franchi, et ce pas conduit quelquefois au saut périlleux. Le grand monde a son camp volant, à peine séparé du demi-monde par une imperceptible frontière. C'est dans les coulisses de cette scène équivoque, toujours en mouvement, toujours en parade, pleine de changements à vue et de coups de théâtre, que M. Arsène Houssaye nous promène à la suite de « Monsieur Don Juan. »

Ce nouveau Don Juan, le héros du livre, le sultan à trente-six mouchoirs de ce sérail blasonné, est M. le duc Octave de Parisis, un Prince Charmant des contes des fées parisiens. Pilez ensemble dans un mortier magique Alcibiade, Lauzun, Richelieu, Brummel, le comte d'Orsay, il en sortira ce gentilhomme beau comme un astre, généreux comme un roi prodigue, brave comme l'épée de ses pères, et « cachant les muscles d'Hercule sous les formes de l'Antinoüs. » Il a toutes les élégances et toutes les adresses : « Octave montait à cheval comme « Mackensie, il donnait un coup d'épée avec la « grâce impitoyable de Benvenuto Cellini, il na- « geait comme une truite, il luttait à la force du

« poignet avec le sourire d'un gladiateur. » A tous ces talents d'agrément, le duc de Parisis joint l'art de dépenser trois ou quatre cent mille francs chaque année; quant au fond de sa bourse, il n'a plus le sou. Son budget est fantastique et inépuisable comme la caverne d'Ali-Baba. Il a mangé ses millions avec les plus jolies soupeuses de Paris. — *Bon appétit, mesdames!* — Il ne lui reste plus qu'un vieux manoir de famille et qu'un hôtel aux Champs-Élysées. Mais la ruine d'Octave est plus solide que le Colisée; il y tient table ouverte et il y mène la vie à grandes guides. Le crédit lui ouvre longtemps sa caisse; puis, un beau jour, il regagne trois cent mille livres de rente, à vingt pour cent, dans une spéculation transcendante sur l'emprunt turc. — « Croit-il donc, ce traître de Turc, » — s'écrie le Géronte de Molière, — « que mille cinq cents livres se trouvent dans le pas d'un cheval ? » — Octave, lui, croit et prouve qu'on peut trouver cent mille écus de revenus, à vingt pour cent et sans versement, dans le pas d'un Turc.

Ce prince de la jeunesse est le roi des femmes. Il est de ceux qui sont nés, comme dit Saint-Simon, « pour faire, par le monde, les plus grands désordres d'amour. » Sa liste est plus longue que celle de Don Juan. Comme il a pris Pékin et le palais d'Été, avec l'armée française, il s'y trouve même des noms écrits de droite à gauche, à l'encre de Chine. La séduction est sa profession, et, pour ainsi dire, sa carrière. Prendre une femme, la planter là, passer à une autre, voilà l'unique emploi de sa vie. C'est une chaîne des dames perpétuelle. Tout lui est bon : la duchesse et la grisette, la bourgeoise et la comédienne, la courtisane et l'étrangère, la cocotte et la cocodette. Sa chambre à coucher est un gouffre de soie où les plus fières vertus sont tombées. Il y marche sur les pudeurs comme sur un tapis d'hermine. La petite porte secrète qui donne dans l'appartement de ses rendez-vous est aussi courue que le péristyle d'un théâtre qui donne une pièce à succès. Les femmes vont vite dans le train sans frein de sa vie ; quelques-unes même aussi vite que les mortes de la ballade. J'en compte trois ou quatre qui meurent de son abandon, du regret de l'avoir perdu ou d'une catastrophe tragique produite par l'éclat que fait leur amour.

La moralité viendra plus tard; passons d'abord en revue ce défilé ou plutôt ce bal des victimes. Car l'imbroglio des caprices, des passions et des galanteries, dans le roman de M. Arsène Houssaye, a le brillant désordre d'une mascarade. Les amours n'y durent guère plus que les vis-à-vis des quadrilles, les liaisons s'y nouent et s'y dénouent comme des changements de mains : l'Amour y valse avec la Folie sur des airs fiévreux; le Caprice conduit l'orchestre et brouille à chaque instant les figures de cette dansé des cœurs et des sens, mais la Vérité ne perd pas ses droits.

Voici d'abord Mme d'Entraygues, une dame de pique rencontrée au bal, démasquée au Bois, et qui succombe dans l'ivresse légère d'une tasse de thé offerte à Octave, vers le coup de minuit. Ce *thé*, distillé et composé comme un philtre, est une fort jolie scène, évidemment écoutée aux portes et regardée par un trou de serrure. Il s'en exhale ce fin parfum de corruption parisienne qui, à l'heure qu'il est, flotte en l'air. Par malheur Octave a laissé tomber son gant sur le tapis du boudoir ; le mari le relève et il en fait celui d'un cartel. On se bat ; M. d'Entraygues réchappera de la blessure qu'il reçoit, mais l'honneur de sa femme reste sur le carreau. Déclassée par le scandale, abandonnée par Octave, Mme d'Entraygues, qui devient bientôt la d'Entraygues, finit, de chute en chute, par tomber dans le troisième dessous du monde interlope. Un beau soir elle est prise dans une razzia faite par la police chez une fille, et conduite d'office à Saint-Lazare où Vénus reconnaîtra les siennes. La pauvre femme ne fait que traverser ce lazaret du vice, mais elle en reste souillée et pestiférée à ses propres yeux. Quelque temps encore elle se traîne, essayant de vivre dans le bas-fond où elle est tombée ; puis le dégoût la prend, elle meurt à la peine. Son âme a vite assez de la vie que mène son corps ; elle le tue pour en finir.

Mme d'Entraygues est bien touchante lorsque mortellement malade, au prix du dernier argent qui lui reste, elle rachète l'hôtel abandonné d'où l'a chassée le scandale. La femme tombée a la nostalgie de son passé honnête : elle veut du moins mourir au gîte, et que son lit funèbre soit son lit nuptial [1].

Une figure plus touchante encore est celle de Violette, la fille du peuple chastement éprise, qu'Octave arrache à sa mansarde et à l'aiguille laborieuse qui défendait sa vertu. Il cueille au passage cette fleur virginale, l'aspire et l'effeuille, puis la rejette sur le pavé quand il l'a flétrie. Violette, jalouse, vient d'essayer de se tuer ; la blessure qu'elle s'est faite est à peine guérie, lorsqu'elle reçoit cette lettre piquée dans un petit rouleau de billets de banque, firman d'un sultan blasé envoyant un cordon de soie à l'esclave dont son lit est las. — « Ma petite Violette, « je crois que nous n'avons plus rien à nous dire. « Ne vous tuez plus pour les hommes ; redevenez « belle, prenez une boutique de fleuriste, et vendez

---

1. Et toutes ces histoires sont si vraies que Mme d'Entraygues — sous son nom ou sous son pseudonyme — a écrit une longue lettre à M. Arsène Houssaye pour le remercier d'avoir si bien parlé de la femme déchue. Et chose étrange ! près de mourir — de la mort même prédite par le romancier — elle fit imprimer ses lettres de faire part pour en envoyer une avec l'adresse de sa main à son historiographe.

« de tout, exceptez des violettes. Ne voyez pas trop
« les femmes du monde, elles vous perdraient.
« Adieu, je pars pour Londres et je vous embrasse. »
— Violette ne se tue plus, mais elle se fait courtisane. L'auteur nous jure qu'elle ne fait que jouer la comédie de la vie galante, et que les amants qui l'entretiennent en sont pour leurs frais. Admettons ce cas bizarre d'une maîtresse qu'on paye, mais qu'on ne touche pas. Quoi qu'il en soit, Violette, frappée au cœur, s'en va mourir ou se cloîtrer en Espagne. Le lecteur a le choix entre ces deux fins volontairement obscurcies et qui, du reste, aboutissent toutes deux à la mort. Le voile vaut le linceul : le couvent n'est qu'un vestibule du tombeau.

Troisième victime, Mme de Révilly : une femme délaissée par son amant, pour cause de mariage. Octave, chargé de lui porter la lettre de faire part de l'amour défunt, console subitement cette veuve inconsolable. — Inconsolable, elle l'est en effet, s'il faut en croire le roman : car Mme de Révilly, réveillée de ce songe des sens, prend en horreur une récidive d'adultère qui n'a plus pour excuse l'entraînement du cœur. Cette seconde chute lui fait exécrer la première ; elle se juge et elle se condamne. Dans une partie de plaisir en Seine, elle se laisse glisser du bateau, en feignant de se pencher sur un bouquet tombé de sa main. C'est le suicide d'Ophélie : de l'eau et des fleurs.

Octave fait même des victimes sans le vouloir et sans le savoir : il est dangereux à la simple vue. Mlle Clotilde de Beaufort meurt pour l'avoir trop regardé. Il vient, il se fait voir, et elle l'aime — elle l'aime jusqu'à mourir, lorsqu'on la marie à un autre. Clotilde meurt intacte, car son mari n'a jamais pu dénouer sa ceinture. Voulant rester fidèle à son fiancé idéal, elle s'est débattue contre le mariage comme elle aurait lutté contre un viol. S'il faut le dire, je doute un peu de cette séduction platonique : on ne meurt pas d'un regard comme d'un coup de soleil. Il y a des légendes apocryphes dans tous les martyrologes : cette sainte Clotilde, vierge et martyre, me paraît bonne à rayer de celui d'Octave.

Je crois plutôt à la duchesse de Campagnac, une patricienne pieuse et fière, d'une conduite irréprochable, d'une renommée exemplaire, qui tombe aux bras d'Octave dans un accès de ce vertige mystérieux qui prend tant de femmes à l'heure tropicale où elles passent la Ligne des trente ans. Les auteurs de la *Vie des Saints* parlent d'un démon plus dangereux que les autres qui visitait, au milieu du jour, les Pères du désert, et qu'on appelait le Démon du midi. La trentième année, ce midi de la vie, a, elle aussi, son démon. Il apparaît à la femme ennuyée ou délaissée sous une forme vague, et il lui souffle dans l'âme toutes sortes de pensées curieuses et mauvaises. Du haut de la colline dont elle va descen-

dre le revers, elle lui montre le royaume du mal éclairé d'une lumière magique : fêtes étranges, plaisirs inconnus, liaisons romanesques, évasions du monde payées par des bonheurs effrénés, coups de théâtre et changements à vue substitués à l'unité de l'existence régulière. Elle ne sait de la vie que ses banalités et que sa routine : il lui reste à peine quelques années pour en connaître les ivresses et les phénomènes. Qu'elle se hâte si elle veut vivre, avant de se survivre ! Encore un peu de temps, et les passions ne voudront plus d'elle, et elle mourra sans avoir été initiée à leurs fêtes et à leurs mystères. — « J'ai trente-quatre ans, » — dit à une amie la duchesse de Campagnac. — « J'ai vu tomber ma jeunesse
« sans un seul rayonnement, comme si je n'avais
« vécu que par des jours de pluie. Tout a été triste
« autour de moi. Ma figure est si sévère que nul ne
« s'est jamais arrêté pour me dire que j'étais belle.
« On m'a accablée sous le respect ; on a posé un
« perpétuel point d'admiration devant ma vertu. Je
« suis de toutes les fêtes du monde, mais surtout
« de tous les sermons et de toutes les fêtes de cha-
« rité. Dès que j'entre dans un salon, c'est pour
« entendre parler des Enfants pauvres, du refuge de
« Sainte-Anne ou de la Ruche des Abeilles... Et
« maintenant il m'arrive de songer à ces légendes où
« on donnait son âme au diable pendant une heure,
« pour toute une éternité de damnation. » — Que

de femmes, et des plus honnêtes, ont subi cette crise ! La duchesse de Campagnac exprime ici leur pensée secrète. L'épreuve est terrible ; elle explique les chutes excentriques qui scandalisent et surprennent le monde. C'est à ce spleen de la vertu que succombent ces anges de l'aristocratie qu'on voit de temps en temps tomber, à grand bruit, de leur ciel d'or et d'azur. Le monde inférieur les attire ; il exerce sur eux la fascination de l'abîme. Quelques-unes de ces femmes déchues gardent un reflet de leur vie première. Elles jettent sur le scandale un voile de décence et parcourent, d'un pas de déesse, le sentier de la perdition. D'autres, comme Mme d'Entraygues, tombent de leur poids naturel, et leur esclandre final n'est que l'éclat d'une vocation retardée. Ce sont les grisettes de l'adultère, elles glissent dans le gouffre comme sur une montagne russe riant, jouant, folâtrant, ne se sentant pas d'aise de rouler si vite. En tombant, en touchant le fond, elles semblent ne faire qu'obéir à une loi spéciale de gravitation.

J'en passe des plus éprises, parmi les femmes marquées au front ou blessées au cœur par l'amour d'Octave, — Mme d'Argicourt, Mme de Marsillon, la Femme de Neige, Mlle Julia, — pour arriver à celle qui est l'héroïne du roman, l'étoile de ses nuits profanes, un lis entre les camélias.

Octave de Parisis a une cousine, Mlle Geneviève

de la Chastaigneraye, type virginal et seigneurial, moitié sainte moitié fée, une « demoiselle » de la chevalerie parée des grâces de la vie moderne. Geneviève aime son cousin terrible, qui, ne se sentant pas digne d'elle, s'écarte longtemps de ce pur amour. Elle le suit avec une démarche et des apparitions d'ange gardien, parce qu'elle est fidèle, dans toutes les péripéties de sa vie scabreuse. Octave, lassé des vierges folles, revient enfin à cette vierge sage. Dona Juan épouse dona Elvire. Lovelace mène Clarisse Harlowe à l'autel. Sa lune de miel est splendide, mais elle passe aussi vite qu'une étoile filante. La monotonie céleste de son honheur ennuie bientôt cet aventurier des passions. Une femme qui lui a longtemps résisté, la marquise de Fontaneille, traverse le château où il s'est retiré depuis deux mois avec Geneviève. Il se reprend pour elle d'un violent caprice, l'enivre de son désir et l'enlève à Ems, comme dans un tourbillon.

C'est ici que la statue du Commandeur intervient pour faire justice de « Monsieur don Juan. » Sa mille et unième nuit est sanglante. M. de Fontaneille, un jaloux de l'humeur noire et farouche des maris espagnols de l'ancien régime, découvre le rendez-vous adultère ; il court surprendre sa femme en flagrant délit. Mais Geneviève a devancé la marquise dans le lit d'Octave. Un quiproquo tragique égare le couteau du furieux, il assassine l'épouse en croyant exécuter la maîtresse. Un duel au pistolet succède à ce meurtre au poignard, et Octave, frappé d'une balle en pleine poitrine, tombe sur le cadavre de Geneviève. Un drame s'il en fut. Mais est-il bien mort ?

Tel est, dans son plus simple abrégé, l'histoire de M. le duc Octave de Parisis, Barbe-Bleue galant et bourreau des cœurs.

M. Arsène Houssaye appelle Octave de Parisis, « Monsieur Don Juan, » au premier volume de son roman. Octave mérite-t-il ce grand nom ? Don Juan, tel que l'a fait sa nouvelle légende, n'est point un libertin ordinaire : c'est l'aspiration incarnée, l'enthousiasme fait homme, l'amant-errant, cherchant par le monde la maîtresse sublime de son rêve et foulant d'un pied dédaigneux les mille et trois degrés — *mille e tre* — d'une échelle de femmes pour arriver à cette forme parfaite qui lui tend les bras du fond des nuées. Le vice a profané son corps, mais un désir céleste habitait dans son cœur. Un souffle fatal le pousse dans sa voie d'attentats et de séductions. Il trompe sans mensonge, il abandonne sans lâcheté et sans trahison. Les cœurs que déchire cet oiseau de proie de l'amour lui diraient volontiers ce que dit, dans la chanson grecque, la tête coupée du Klephte à l'aigle qui la dévore : « Mange, oi-
« seau, repais-toi de ma jeunesse, repais-toi de ma
« bravoure, ton aile en deviendra plus grande d'une

« aune et ta serre d'un ompan. » — Don Juan, c'est le Désir insatiable et inassouvi qu'aucune coupe n'étanche, qu'aucun amour ne remplit, qui a placé si haut son idéal qu'il lui faudrait les ailes de l'ange pour y arriver, et qui, de désespoir de ne pas l'atteindre, se roule éperdument dans la fange, les yeux fixés sur l'inaccessible vision. — Qu'y a-t-il de commun entre Octave et lui, entre ce rêveur en action et ce viveur positif qui n'apporte dans ses équipées galantes que la curiosité des sens et le désœuvrement de l'esprit? Et pourtant il a aussi son idéal. S'il n'a pas la haute ambition de Don Juan, Octave de Parisis n'a pas non plus l'âpre orgueil de Lovelace, qui dédaigne les conquêtes faciles et ne s'attaque qu'aux femmes imprenables. L'amour, chez Lovelace, est bien moins une passion sensuelle qu'un instinct de lutte, un besoin de vaincre. Sa devise est celle du Romain de Virgile : « Abattre les superbes. » — J'aime l'opposition, » dit-il quelque part. *I love opposition*. La résistance l'exalte, l'obstacle le surexcite; la séduction est pour lui une guerre qui a son plan et ses règles, et dont les manéges doivent aboutir à la chute de la femme, comme la tactique du capitaine à la défaite de l'ennemi. Aussi quand Clarisse Harlowe se présente à lui, aussi trempée dans la vertu qu'il l'est dans le vice, revêtue de la stricte armure du devoir, munie de toutes les armes de la vigilance et de la sagesse,

résolue à la mort plutôt qu'à la chute, avec quelle ardeur impétueuse il attaque cet adversaire digne de lui! Quelle obsession opiniâtre! quelle complexité de machinations et de ruses! Quel génie de tentation et de perdition! Toutes les beautés du monde rangées sur son passage ne lui arracheraient pas un regard. Clarisse devient pour lui l'idée fixe, la femme unique, le seul être qui soit désirable. Il fait son siége stratégiquement, comme celui d'une ville, avec des mines, des contre-mines et des circonvallations infinies. Il remue à lui seul pour la conquérir plus de prestiges et de stratagèmes que l'Enfer réuni pour tenter saint Antoine. Tout pervers qu'il est, on s'intéresse à cet homme si superbe et si résolu. On l'admire, en le redoutant, comme un beau tigre royal, né pour les ruses et la destruction. Il ne paraît pas trop ridicule lorsqu'il déclare qu'il se croit l'égal de César, et que c'est par pur caprice qu'il borne ses conquêtes au monde féminin. —
« Que je sois damné, si je voudrais épouser le pre-
« mière princesse de la terre, sachant ou même ima-
« ginant qu'elle a pu balancer une minute entre un
« empereur et moi! »

Octave de Parisis est un beau dédaigneux qui n'a pas cette fierté épique. Ce n'est qu'un voluptueux nonchalant, dont les désirs ne prennent jamais l'élan de l'amour. Son poëte l'a fait trop irrésistible : ses plus hautes conquêtes lui coûtent à peine quelques escarmouches; il n'a que la peine de se laisser adorer. Les cœurs tombent, en quelque sorte, tout rôtis dans la gibecière de ce chasseur de boudoir. La passion manque à ses bonnes fortunes rapides comme des passades. Il prend les femmes, il les perd, il les reprend, il les rejette, il les brise, avec une légèreté implacable. Elles ne sont entre ses mains que des jouets éphémères. Le remords chatouille à peine son indifférent scepticisme; jamais il ne lui imprime ses morsures. Octave enterre les victimes qu'il fait sous la cendre de ses cigares, entre un soupir et une épigramme. Il jette ses maîtresses passées à l'oubli, comme les sultans de la vieille Turquie jetaient leurs odalisques au Bosphore. — Mme d'Entraygues, déchue par lui, meurt des secousses morales de sa chute. Octave vient s'agenouiller au lit de la morte. — « Madame, lui dit-il, je vous demande pardon. » — Et il se lave les mains de sa mort, avec cette goutte d'eau bénite jetée sur sa bière. Au chapitre suivant il court déjà après un domino rose. — L'extrait mortuaire de Violette lui arrive le jour de ses noces : ce n'est qu'un nuage sur sa lune de miel. — « Pauvre Violette! » et son deuil est fait. — Mme de Révilly n'est pas moins lestement enterrée. Ces mortes au champ du déshonneur ne sont guère plus regrettées par lui, que les soldats tombés dans une bataille ne le sont par le conquérant.

Au demeurant, Octave de Parisis n'en est pas

moins le meilleur fils du monde. Son poëte l'a comblé des dons que les fées marraines font à leurs filleuls. Il lui a donné l'esprit, l'élégance, une courtoisie princière, une belle humeur radieuse, l'aplomb dans l'élégance et le savoir-vivre. Mais la sécheresse perce sous ces gracieux et brillants dehors; cette amabilité expansive recouvre un égoïsme endurci. Au fond, Octave n'est qu'un viveur supérieur, invulnérable aux regrets, incombustible aux passions, irrésistible peut-être, mais non sympathique. Comme le sultan Mahmoud, il a trois cents femmes et n'a pas d'amour.

Cette flamme qui purifie tout, et sans laquelle il n'y a point de drame amoureux, manque trop souvent aux femmes séduites par Octave. Quelques-unes sont des têtes charmantes, aux yeux noyés, aux bouches voluptueuses; mais leur personnalité reste indécise et comme indistincte. On les prendrait souvent l'une pour l'autre; même mollesse dans la chute, même sourire dans l'abandon. A peine se débattent-elles un instant contre les attaques du vainqueur; souvent elles se rendent à la première sommation. Lorsqu'il les lâche ou les congédie, elles subissent leur disgrâce avec une servilité résignée. Rien que des plaintes, rien que des larmes; pas une révolte, pas une résistance: — « Vous nous fîtes, sei-
« gneur, — en nous *prenant* beaucoup d'honneur. »

— Comme elles se connaissent toutes, on dirait que

c'est par esprit d'imitation qu'elles s'éprennent d'Octave tour à tour. Ces brebis galeuses sont des brebis de Panurge. En venant l'une après l'autre frapper à la petite porte de son hôtel, elles semblent aller « à la renommée de la Séduction. » Octave est avant tout l'amant dont le caprice pose celles sur lesquelles il s'arrête. Elles se disputent la gloire d'être affichées par lui. Je ne conteste point la vérité de cet engouement. Il s'est produit avec éclat au dix-huitième siècle dans le type de l'homme à la mode, recherché, brigué, convoité, qui n'avait pour vaincre qu'à vouloir, qu'à désigner pour séduire, qui faisait battre les femmes autour de son mouchoir sultanesque, plus mobile que la plume au vent. — Mme de Polignac et la marquise de Nesle, se disputant Richelieu, échangèrent deux coups de pistolet au bois de Boulogne. Après sa mort on trouvait dans son secrétaire, encore cachetés, cinq billets de femmes, implorant, le même jour, un rendez-vous de nuit. — Deux marquises s'arrachaient publiquement l'acteur Michu, dans une loge de la Comédie-Italienne. — Létorière envoyait aux plus grandes dames de Versailles la circulaire d'une déclaration. — Le *Chevalier à la mode*, de Dancourt, résume cyniquement, au théâtre, ces hommes à l'enchère; il se met en vente à la plus offrante, et cinq ou six folles se disputent à poignées d'or son amour vénal. —
« L'une a soin de son équipage, l'autre lui fournit

« de quoi jouer, celle-ci arrête les parties de son tail-
« leur, celle-là paye ses meubles et son appartement,
« et toutes ses maîtresses sont comme autant de fer-
« mes qui lui rapportent un gros revenu. » Octave
de Parisis ne ressemble en rien, Dieu merci, à ce
fils de joie. Il donne et ne reçoit pas. Mais l'idolâ-
trie sans réaction dont il est l'objet vulgarise un peu
ses maîtresses. On leur souhaiterait çà et là un mouvement de haine, un élan de colère : on voudrait
au moins une révolte dans ce sérail extasié, comme
un couvent de béates, dans la dévotion de son dieu.

Ceci dit, que de pages brillantes et piquantes !
que de tableaux spirituels du monde parisien ! Le
Sopha vivant de Crébillon fils n'en savait pas plus
sur les mœurs secrètes de son temps que M. Arsène
Houssaye n'en sait sur le nôtre. Il décoiffe les petites maisons à la façon d'Asmodée ; il a la clef de
toutes les alcôves et le fil de toutes les intrigues.

Il lit à cœur ouvert dans les roueries féminines. On suit, dans son roman, d'étape en étape,
l'itinéraire hasardeux du vice. On y descend, de
cercle en cercle, l'Enfer joyeux et lugubre de la
corruption parisienne. L'auteur ne s'indigne guère
contre ses pécheresses brunes ou blondes ; il se contente de les montrer à l'œuvre ; il fait rendre à leurs
passions toutes les larmes et tout le sang qu'elles
peuvent contenir, et l'exemple n'est pas moins fort
pour être donné sans déclamation.

Chaque joie coupable a, dans son livre, un contraste et une expiation. La mort ou le malheur viennent prendre au lit l'adultère ; le boudoir de la fille perdue donne dans une cellule de Saint-Lazare, par exemple Rébecca, une belle juive aux cheveux rouges, qui jetait feu et flammes dans les hautes sphères de la galanterie. De chute en chute elle tombe sur la table sinistre où l'on jette les restes de l'hospice et de l'échafaud. Octave arrive juste à temps pour l'enlever au scalpel d'un carabin de Clamart qui déjà lui avait arraché une dent afin de mieux trancher la mâchoire. —
« L'étudiant qui avait arraché une dent à Rébecca
« la replaça par un sentiment de respect pour la
« morte, car ce n'était plus un sujet, c'était une
« femme... La lèvre supérieure avait été relevée,
« l'étudiant y appliqua le doigt avec douceur pour
« la refermer. La bouche reprit le dessin que la
« Mort lui avait imprimé. Quelques secondes encore,
« Octave regarda en silence cette figure aux
« belles lignes, qui faisait songer aux femmes de la
« Bible. Un autre étudiant avait apporté un suaire ;
« il le répandit comme une chaste robe sur ce pau-
« vre corps abandonné, qui jusqu'à la reconnais-
« sance d'Octave n'avait été vêtu que de la pudeur de
« la science. — » On sent que le romancier a bien vu ce qu'il peint si bien.

Entre ces scènes douloureuses défilent au son des

violons, au tintement des verres, les fêtes galantes de la vie moderne. On soupe beaucoup dans le roman de M. Houssaye; l'esprit et le vin — tous deux de Champagne : pays de Lafontaine — y mêlent leur mousse et leur pétillement. Les paradoxes éclatent, les saillies croisent leurs éclairs. Quand octave de Parisis est à table avec son camarade Miravault et son ami Monjoyeux, vous diriez un sabbat de diables boiteux et de diables gris raillant et philosophant dans un enfer de fusées.

Il y a bal aussi à tous les volumes, des bals masqués où tourbillonnent les costumes chimériques découpés par Worth. Feux et Neiges, Comètes et Pluies qui marchent, Vivandières et Bouquetières, Papillons et Vergissmeinicht. Le carnaval des dernières saisons revit et revivra dans ces pages. L'artiste amoureux du dix-huitième siècle prend quelquefois, pour saisir au vol ces féeries modernes, le pinceau de Watteau, de Beaudouin et de Fragonard. — On songe aux *Patineurs* de Lancret en lisant le brillant chapitre intitulé : *Sur la glace*.
— Citons encore l'esquisse chatoyante et fraîche de la plage de Dieppe : une marine rose jonchée de naïades du beau monde, un coin d'océan où tombe une goutte d'eau de Lubin. Mais le plus souvent le romancier est le parisien de l'heure même.

En quelques mois les *Grandes Dames* de M. Arsène Houssaye ont fait la conquête du public : leur succès prend un train d'enfer; leurs éditions sont déjà presque aussi nombreuses que leurs aventures. Les femmes surtout ont mis ce roman à la mode. Elles y vont comme au bal masqué, intriguées par ses sous-entendus et ses confidences, cherchant à deviner ses masques, à mettre des noms sur ses pseudonymes. Plus d'une lectrice, au tournant d'une page, se sentira elle-même démasquée, et comme arrêtée devant un miroir. Ce succès féminin en vaut bien un autre. Alfred de Musset a dit quelque part :

> Vive le vieux roman, vive la page heureuse
> Que tourne sur la mousse une belle amoureuse!

M. Arsène Houssaye, nous en sommes sûr, est de l'avis d'Alfred de Musset.

II.

LES PARISIENNES.

La Liberté, septembre 1869.

M. Arsène Houssaye vient d'ajouter à ses *Grandes Dames* une série nouvelle. *Les Parisiennes* poursuivent avec un redoublement de succès, de talent et de charme, ce panorama du Paris moderne photographié sur nature, et retouché d'une main d'artiste. Le monde galant y défile, multiplié par une enfilade de récits qui se croisent dans un pêle-mêle pittoresque. Il y a foule à ce bal masqué de passions et de caprices, d'intrigues et d'aventures, de liaisons nouées et dénouées comme des figures de quadrille. Mais le violon du poëte règle sa confusion apparente ; l'habileté du romancier met de l'ordre dans le désordre des fantaisies de l'observateur. Un intérêt soutenu relie ces pages hardies et vivantes, tendres ou violentes, curieuses et précieuses, empreintes des mille nuances de l'actualité, et qui n'ont, en fin de compte, que le décousu de la vie et la mobilité du monde qu'elles reflètent.

Il fallait un sultan aux Mille et une Nuits des *Parisiennes*, comme aux Mille et un Jours des *Grandes Dames*. Octave de Parisis étant mort, vive Achille Leroy, duc de Santa-Cruz ! Aussi bien nous le préférons au roi fainéant qu'il remplace. Il est plus énergique et plus mâle ; il subjugue et il emporte de haute main les bonnes fortunes que l'autre se donnait à peine l'effort de cueillir. Achille Leroy est l'Attila des boudoirs, Octave de Parisis n'en était que le Létorière ou le Richelieu.

C'est une figure originale que celle de ce chevrier des Pyrénées qui découvre un jour des parchemins de grand d'Espagne dans la chaumière paternelle. Un attrait irrésistible, pareil à l'instinct qui poussait les barbares vers Rome, le lance de ses montagnes à Paris. Il y entre armé d'une volonté de fer, hardi comme un pirate, beau comme un sauvage, résolu à violenter la fortune. En quelques mois, le jeune pâtre s'est transformé en dandy superbe ; l'ours pyrénéen est devenu un des grands lions du boulevard. Il a des duels éclatants et des conquêtes éblouissantes ; il force les salons, il prend d'assaut les alcôves. Le jeu le traite en enfant gâté ; les Dames de pique ne lui résistent pas plus que les dames de cœur. — C'est autour de ce montagnard aux yeux d'aigle que tourne la ronde des *Parisiennes* affolées.

Il les fascine et il les enlève comme un oiseau de proie de l'amour.

Mais à son tour il est fasciné ; une victorieuse soumet ce vainqueur. La duchesse Bianca de Montefalcone est une Italienne de la race des Olympia et des Bianca Capello : violente et charmante, secrète et profonde, couvant des rêves de courtisane sous un orgueil de déesse, inassouvie avant d'avoir été rassasiée, aussi capable de chutes effroyables que de sublimes ascensions. L'auteur lui a donné ce perfide et délicieux sourire de la *Joconde* qui exprime, ou, pour mieux dire, chuchote tant de choses : la finesse de l'intelligence, et l'ironie raffinée, la volupté qui rêve et la supériorité qui se raille. Que de commentaires on a faits sur ce sourire mystérieux ! Pour le comprendre, il faudrait peut-être se rappeler simplement que la Joconde était la plus belle de femmes et Léonard de Vinci le plus beau des hommes. Pendant la séance de quatre années qu'exigea, dit-on, le portrait, ils durent nouer une longue et ravissante connaissance. Je me figure que messer Giocondo était le gentilhomme le plus occupé du monde, et que, rentrant souvent fort tard, sur le soir, et trouvant toujours le maître en extase devant son modèle, il s'étonnait naïvement qu'un portrait fût une œuvre de si longue haleine, et que la ressemblance de sa femme fût si difficile à saisir. C'est alors sans doute que naissait l'ironique sourire aux fossettes moqueuses, et Léonard le cueillit au vol et le fixa sur la toile, pour immortaliser son piquant secret.

Le duc de Montefalcone, Italien de mélodrame et de comédie, est aussi occupé que le mari de la Joconde ; mais c'est à courir les coulisses des petits théâtres et à tromper sa femme avec Mlle Lucie Moreau. Bianca, délaissée dans son hôtel du Parc-aux-Princes, se prend à aimer le comte Charles de Prémontré, qui habite le chalet voisin. Ils se parlent d'abord des yeux et du sourire ; puis une échelle de jardinier les rapproche : *sic itur ad astra*. — Un beau soir l'échelle se fait de soie, et l'amoureux la descend. Le jardin va devenir un paradis terrestre ; mais un tigre y entre au bruit du premier baiser. C'est le mari, qui, cette nuit-là, mis à la porte par sa maîtresse, revenait, comme pis-aller, au nid conjugal. Il surprend, sous un massif de lilas, le couple enlacé, va décrocher, dans son fumoir, deux vieilles épées milanaises, et frappe de l'une le comte de Prémontré, qui tombe à ses pieds. Mais la duchesse lui a arraché l'autre, et l'étend à moitié tué sur son amant mort. A Italien, Italienne et demie. — Bianca porte longtemps le deuil de cet amour éteint dans le sang, à sa première flamme : le temps la calme sans la consoler. Bannie du monde par le scandale de cette tragique aventure, elle se fait un salon à elle, où une élite d'hommes d'esprit se rencontre avec une aristocratie de femmes déclassées. Mais la grande dame reste inaccessible au milieu des tentations qui l'assiégent. Au besoin même, elle reprend sa grande épée lombarde pour tenir à distance les amoureux trop pressants. Avec une coquetterie supérieure, elle ravive et elle entretient les passions qui flambent autour d'elle. La sorcière attise, sans s'y brûler, les feux de son enchantement. Il y a là tout un jeu de femme, toute une tactique de grande coquette menée et décrite avec un art consommé. — A la fin, la séductrice est séduite, l'enchanteresse est ensorcelée à son tour : Achille Leroy trouve le défaut de ce cœur fermé. Elle l'emmène dans une villa du lac Majeur cueillir avec elle l'orange défendue. Mais le fruit, à peine entamé, lui donne une ardente soif de la mort. L'altière Bianca n'entend pas survivre à sa chute. Pendant une promenade à deux sur le lac, par une belle nuit d'été, après un baiser suprême, elle se jette hors de la barque et entraîne Achille, enlacé, dans le calme abîme. Comme l'Ondine de la ballade, elle noie voluptueusement son amant.

Après tout, Achille Leroy meurt de sa belle mort, et cette fin tragique est sa seule excuse. Bianca ne fait que venger sur lui les femmes qu'ont brisées ou flétries ses fougueux caprices. Sa liste des *mille e tre* est aussi funèbre qu'un martyrologe. Ce Don Juan basque ravage les existences qu'il traverse et fait des victimes.

La plus touchante est Anna de Keroët, une jeune

femme que son mari a épousée par amour. Raoul est en adoration devant elle : après quatre ans de mariage, leur lune de miel brille, limpide comme au premier soir. — Une nuit, il entre dans la chambre nuptiale : sa femme dort du sommeil des anges ; ce serait un crime de la réveiller. Avant de se retirer il prend dans la cheminée un morceau de papier à demi brûlé, pour allumer sa cigarette. C'est une lettre, qu'il lit machinalement avant de l'approcher du flambeau. Le feu a fait une énigme des lignes entamées ; mais un parfum de billet doux s'en exhale, et le mot de cette énigme semble être un rendez-vous sous les grands marronniers du bois. Raoul a lu d'abord, sans comprendre, cette feuille déchirée. Il y a trop loin de sa pensée aux choses qui y sont écrites ; elles mettent du temps à lui parvenir. Après tout, ces mots caressants peuvent venir de la plume d'une femme... Mais un temps de verbe, mis au masculin, contredit cette explication rassurante. Voilà un homme mordu au cœur par les vipères de la jalousie. Le lendemain, Raoul se met en campagne ; il ramasse des indices, il confronte des preuves, il frise presque le flagrant délit. Et rien d'émouvant comme cette enquête du déshonneur faite, avec une rage douloureuse, par un mari aux abois. Le soir, il rentre dans la chambre de sa femme encore endormie. Anna se réveille, et elle voit qu'il pleure. La menace ou la colère l'aurait enhardie dans le mal ; ces larmes silencieuses tombent sur son cœur en le déchirant. La femme adultère se jette aux pieds de son mari, repentante jusqu'au désespoir, implorant la mort comme une grâce. Raoul lui pardonne, mais Anna ne se pardonne pas ; elle s'empoisonne et elle meurt, comme l'hermine, de la tache faite à sa blancheur.

Cet Achille Leroy est un terrible homme, un bourreau des cœurs, dans la plus cruelle acception du mot. Quand il ne les brise pas, il les pervertit. Séduite par lui, Mme de Stavilliers, femme de trente-cinq ans, mère de quatre enfants, roule de la faute à l'impudeur, du scandale au crime. Il est vrai qu'elle a un mari qui découragerait la vertu d'un ange. C'est un portrait ressemblant à faire peur que celui de cet égoïste usé et blasé, amer et cynique, atteint de cette corruption sèche qui rend méchants ceux qu'elle ronge. — Un soir, on le rapporte à moitié paralysé de son club. Sa femme, émue de pitié, le veille jour et nuit. Elle se fait la sœur de charité de ce malade hargneux et morose, qui ne répond à son dévouement que par des sarcasmes. A la fin, sa patience se lasse ; Achille est là qui la poursuit et la tente. La crise de la seconde jeunesse, le dégoût de son horrible intérieur la poussent dans ses bras. Elle se met à l'aimer jusqu'à la folie et jusqu'au vertige. Elle arbore son amour coupable ; elle l'étale et elle le proclame. —

Rien de plus vrai, en certains cas, que cette passion à l'état d'ivresse. L'hypocrisie est sans doute l'arme défensive dont se servent la plupart des femmes qui trompent leurs maris. Elles *tartufient* l'adultère; le mensonge, tourné en habitude, devient leur tempérament. Plus elles se livrent à l'amant qui a subjugué leur cœur et leurs sens, plus elles redoublent envers l'époux de caresses feintes et de faux amour. Pour sauvegarder leur bonheur précaire, elles ajoutent la rouerie à la trahison. Ce n'est pas sans motif que l'iconologie symbolique représente l'Adultère un masque à la main. — Mais il y a des exceptions à cette règle du mensonge qui pèse sur les liaisons illicites. Il est des femmes incapables de duplicité, qui, une fois leur choix fait et leur parti pris, préfèrent la chute à ciel ouvert aux faux-fuyants de la ruse. Les ménagements leur répugnent, la dissimulation les révolte. Elles se dénoncent elles-mêmes par des aveux mal contenus, par l'irritation de leurs nerfs, par l'indifférence insultante qu'elles affectent envers l'homme qu'elles ont abjuré. Elles se complaisent dans les ironies de l'adultère triomphant. — Ainsi fait Mme de Stavilliers; elle se prend à haïr ce paralytique qui l'enchaîne à sa maladie, et dont le corps immobile lui barre le passage qui la ferait libre avec son amant. Un jour c'est par l'insulte qu'elle réplique à ses remontrances. Alors, le mort, galvanisé par la colère, se lève et se ranime en sursaut ; il fait un pas vers elle, et il la frappe au visage. — La scène est terrible et d'un effet presque fantastique. On sent le froid de ce soufflet donné par un cadavre. — C'est alors que Mme de Stavilliers conçoit l'idée du crime ; le serpent la tente en lui distillant le venin. Elle verse de la morphine dans le thé qu'elle prend chaque soir avec son mari. Mais le vieillard a flairé le poison : il repousse la tasse mortelle, et, un revolver en main, il force l'empoisonneuse à la boire. — La terreur du drame domestique ne saurait guère aller au delà.

Une autre histoire tragi-comique, racontée avec l'accent aigu de l'ironie parisienne, est celle de Mme Alix Lagrange, la charmante femme d'un chef de bureau au ministère des finances. Avec neuf mille livres de revenu, appointements compris, Alix trouve le moyen d'avoir un appartement de huit mille francs somptueusement meublé, et de faire son tour du lac dans un coupé attelé de chevaux anglais. Ce que c'est que l'économie ! Le mari laisse faire et admire ; il ne voit rien et il rêve le reste. Sa femme lui a persuadé qu'elle a le génie de la trouvaille et du bon marché. Il n'est pas besoin pourtant d'être très-fort en mathématiques pour calculer de l'œil l'écart qui existe entre le budget de la maison et son train courant. Il est clair que le panier danse, et pourtant il n'est pas percé : aucun déficit apparent. Qui donc raccommode ses trous en secret? — Un beau jour, M`me` Alix montre à son mari une parure de diamants qu'elle va étrenner au bal de l'Hôtel de Ville. C'est du faux, mais du faux splendide: cela vaut tout bonnement mille francs, et cela reluit pour cent mille écus.

> On travaille aujourd'hui d'un air miraculeux,

comme dit Tartufe à Elmire. — Le mari n'y voit que du feu; Bourguignon est un grand sorcier. Mais à peine arrivés au bal de M. Haussmann, les diamants d'Alix se mettent à parler comme les *Bijoux indiscrets* de Diderot. Dans un certain monde, toute femme est responsable de sa toilette; les ceintures dorées font des accrocs aux bonnes renommées. La courtisane mariée a beau se masquer de vertu, se voiler de décence, s'envelopper de précautions et de feintes, elle est trahie par son luxe postiche, qui ne tient ni à sa position ni à sa fortune. Les femmes s'entendent à faire la police d'un salon. Leurs yeux acérés furètent malignement dans les mille plis d'une robe, dans les broderies d'un corsage; elles estiment l'étoffe, elles expertisent la guipure, elles évaluent les bijoux. En un clin d'œil l'addition de la dame est faite, et si le total excède ses ressources, voilà la victime parée pour le sacrifice. C'est Laïs tuée à coups d'aiguille par les matrones honnêtes de la ville d'Athènes. Cependant le mari, atteint et convaincu de ne pas habiller sa femme, la promène triomphalement à son bras, pareil à un prêtre menant en procession une idole dorée par un hérétique. — La situation est navrante et c'est celle de M. Lagrange escortant les diamants de sa femme à la préfecture. Sa berlue opiniâtre n'est pourtant pas dissipée par le coup de soleil qu'ils y jettent. Il faut lire, dans le roman, la légende complète de ces diamants de féerie qui passent du faux au vrai et du vrai au faux, par toutes les nuances du mensonge et de la prestidigitation féminine. — Pour que ce mari débonnaire soit bien et dûment convaincu que deux et deux ne font pas cinquante, il faut qu'il surprenne sa femme à la laiterie du Pré-Catelan, en conversation criminelle avec un financier battant neuf. Il devient fou de cette rencontre; — à vrai dire, il l'était déjà.

Ces catastrophes accumulées — j'en passe et des plus sanglantes — n'ont rien, en somme, que de vraisemblable. Que de sang a répandu et répand chaque jour l'adultère! Dénombrez ses nécrologies éparses dans tous les journaux de l'Europe; rassemblez, par la pensée, tous les cadavres qu'entasse, en une seule année, cette guerre domestique, vous aurez presque un champ de bataille. La mort violente est si bien un de ses résultats possibles et probables que le Code, lorsque le meurtre est commis par le mari outragé sur sa femme ou sur son complice, la prévoit et l'absout d'avance. Ces dénoûments funestes rectifient et corrigent, d'ailleurs, ce que la morale du roman pourrait avoir de trop relâché. Le rigorisme n'est pas précisément le défaut littéraire d'Arsène Houssaye. Il aime en poëte et en artiste les mœurs à demi nues qu'il décrit. Il peint leurs licences et leurs élégances, avec un mélange de suavité et de flamme qui n'est pas fait pour en détourner les regards. Il a au plus vif degré ce qu'on appelle, en art, le sentiment de la chair. C'est avec l'écume parfumée de l'Aphrodite parisienne qu'il broie ses couleurs. Les portraits de femmes en buste ou en pied, sous les armes de la toilette ou dans le déshabillé du plaisir, dont son livre est plein, composent une galerie qui a la volupté d'un harem. Il importe donc que la moralité, qui n'intervient pas dans le récit sous la forme du jugement ou de la sentence, y reparaisse en fait, par les châtiments que subissent les passions sans frein. Le sang doit couler dans cette longue orgie pour purifier ses vices et dégriser ses ménades.

Il y a, du reste, dans le second volume, un épisode qui vaut un sermon : celui des amours de Gontran Staller et de Lucie Moreau. C'est l'histoire lamentable d'un fils de famille tombé dans les pinces de crabe d'une sirène des Bouffes-Parisiens. Il devient son esclave, son jouet et sa chose; il ruine pour elle sa famille, il fait mourir son père de douleur, il laisse manger la dot de sa sœur par cette soupeuse qu'on loue à la nuit. Lucie le trompe effrontément, et sans prendre la peine de lui cacher ses esclandres... Elle rit de ses jalousies, elle jouit de ses larmes : quand il se bat contre son amant de la veille, elle escompte sa mort en réclames... Ainsi souffrirait un pantin qui aurait un cœur, entre les mains d'un enfant cruel. — Un mariage avec Mlle Clotilde de Marcy, belle et pure jeune fille qui a la bonté de l'aimer, va délivrer Gontran de cette infâme possession. Mais la drôlesse, par un tour de son répertoire, lui montre une soubrette qui ressemble à sa fiancée, soupant, au Café Anglais, avec un prince d'occasion. Il donne aveuglément dans ce panneau : la calomnie, répétée par lui, vient frapper au cœur Mlle de Marcy : elle en meurt comme du coup de stylet d'un assassinat. — Mais Gontran n'a déjà plus d'âme ; la morte à peine enterrée, il retourne à sa liaison plus honteuse que la chaîne d'un bagne, et il la traîne piteusement, jusqu'au jour où la fille le casse aux gages, en lui riant au nez. Il ne s'obstine pas moins à lui mendier misérablement des restes de plaisir et des heures de nuit qu'elle lui marchande âprement ou qu'elle lui refuse avec insolence. — Un jour, Lucie, fatiguée de ce revenant du passé, le met à la porte de l'hôtel qu'il lui a donné. Alors, Gontran se tue

Les Parisiennes. 303

ou, pour mieux dire, il s'achève; et ce suicide a la justice d'une exécution. — Cette sombre histoire porte son enseignement en elle-même, toute déclamation en gâterait le poignant effet. Elle est contée avec une légèreté incisive qui creuse, en ayant l'air d'effleurer; et ce ton de causerie mondaine n'en fait que mieux ressortir le terrible exemple.

Il y a pourtant une vierge sage dans cette bande de vierges folles courant la vie comme un carnaval. C'est Colombe l'enlumineuse, une grisette idéale qui rêve et travaille, laborieuse comme une abeille et pure comme un lis, dans sa mansarde que parfument les fraisiers en fleur. Son visage candide repose des figures fiévreuses et déflorées d'alentour. On dirait la Marguerite de Gœthe au sabbat.

Nous ne pouvons qu'effleurer ce roman si plein. Entre ses récits s'intercalent des causeries brillantes, des coins de salon esquissés comme à l'aquarelle d'une main légère qui n'aurait pas quitté son gant paille, des profils célèbres finement retracés, de gracieuses silhouettes dessinées au vol. Il y a comme des cigares fumés, de l'entr'acte d'un intermède au lever de rideau ou de la comédie qui va suivre. Sans languir jamais, l'action flâne, et cette flânerie est un charme dans un roman parisien.

III.

LES COURTISANES DU MONDE.

Le Moniteur universel, Juillet 1871.

M. Arsène Houssaye a terminé par les *Courtisanes du Monde* la série de romans commencée par les *Grandes Dames* et les *Parisiennes*. On sait quelle curiosité excita dès le premier jour ce panorama hardi et émouvant des vices et des élégances du Paris moderne. Le monde du plaisir s'y retrouvait peint dans son actualité la plus vive, au milieu de ses fêtes galantes, en pleine prospérité et en plein triomphe, paré de son luxe et de sa richesse, légèrement idéalisé par la fantaisie de poëte que le romancier mêlait aux études de l'observateur. Ce fut un succès bruyant et sérieux. Les *Grandes Dames* et les *Parisiennes* eurent presque autant d'éditions que leurs amoureux ont de bonnes fortunes.

Ces derniers volumes, écrits avant la guerre, se liront sans doute avec autant d'attrait que ceux qui les ont précédés. Le talent se soutient, les portraits abondent, les changements à vue se succèdent comme dans un drame agité; de nouveaux personnages, mêlés aux anciens, viennent à chaque instant renouer l'intrigue et passionner le cœur. Mais l'impression n'est plus la même : ce livre attristera ceux qu'il passionnait autrefois. Il semble qu'on ait passé d'un bal masqué à une danse macabre. L'année formidable que nous avons traversée a passé comme un jugement dernier sur le monde qu'il mettait en scène. Il a scruté son néant, mis à nu ses plaies, ouvert ses sépulcres splendidement blanchis. Nous savons maintenant ce que recélaient de misères, de corruptions, de périls, les magnificences et les joies du Paris viveur. Henri Heine raconte spirituellement quelque part qu'assistant un soir à une représentation de la *Tour de Nesle*, il vit la pièce à travers le voile rose d'une jeune et jolie femme placée devant lui; de sorte que les terribles tableaux du drame lui apparurent sous la couleur la plus gaie et la plus riante. Tout au contraire, c'est à travers un voile noir et sanglant que nous revoyons aujourd'hui les fêtes et les féeries de ces derniers temps. Un deuil immense les recouvre d'ombre. La foudre est tombée, le charme est rompu.

Ce n'est donc plus comme un voluptueux et brillant roman, c'est comme l'histoire secrète d'une société morte et qui méritait de mourir, que l'on rouvrira la *Comédie Parisienne* de M. Arsène Houssaye. Elle ne perdra rien à être lue sous ce nouveau jour. S'il avait à la refaire aujourd'hui, il l'écrirait certainement d'une plume plus sombre. Mais sous sa complaisance apparente, à travers le charme pénétrant du style et le spirituel enjouement du récit, elle décrit à vif et à nu les vices d'une époque. Pour les flétrir, il lui suffit de les raconter. *Les Courtisanes du Monde*, n'est-ce pas déjà une satire, et des plus cruelles, que d'avoir osé appeler ainsi un livre, et que personne n'ait l'idée de protester contre un pareil titre?

Le héros de cette série nouvelle est Octave de Parisis, ce beau libertin fantasque qui remplissait les *Grandes Dames* de ses ravages amoureux. A la fin du roman, il tombait, dans une mille et unième nuit sanglante, sous le pistolet d'un mari jaloux. On le croyait mort et foudroyé comme don Juan. Les *Parisiennes* le pleuraient, pendant quatre volumes, et trempaient de larmes les mouchoirs sultanesques qu'il leur avait jetés tour à tour. *Lugete Veneres!...* Mais voilà qu'Octave de Parisis ressuscite, vainqueur et amoureux comme devant, des onze mille vierges folles et sages du monde parisien.

C'est sous le nom de lord Sommerson qu'il fait sa rentrée sur le boulevard. Pour tout travestissement, il a laissé pousser sa barbe et mis un accent anglais à sa voix. Et pas un de ses amis, dans le steeple-chase des passions parisiennes, ne s'avise de le reconnaître! Et ses anciennes maîtresses, auxquelles il revient de temps en temps par caprice, ne dévisagent pas dans ce revenant en chair et en os, l'amant qu'elles ont tant pleuré et tant adoré! Autant croire aux métamorphoses d'Ovide et aux avatars de Vichnou qu'à cet effet de barbe qui, d'une année à l'autre, transforme le visage d'un homme comme un masque et le rend méconnaissable aux amis intimes des deux sexes qu'il a dans Paris. Aussi bien Octave de Parisis, dans la *Comédie Parisienne*, que M. Arsène Houssaye a déroulée en ces douze volumes, joue-t-il moins le rôle d'un personnage individuel que d'un type multiple incarné sous une seule figure. Il représente la jeunesse dorée de l'époque, la génération des viveurs à grandes guides et à fond de train qui battaient le turf, les clubs, les cabarets célèbres et les alcôves de l'Empire.

Sa vie nouvelle n'est qu'une seconde édition de ses Victoires et Conquêtes. Nous avons dit déjà, dans d'autres articles, l'opinion que nous inspire ce bourreau des cœurs, irrésistible peut-être, mais non sympathique. L'intérêt pour nous n'est plus là, il est dans les acteurs nouveaux que l'action reprise amène sur la scène, et dont la plupart sont des caractères d'une ressemblance vive et frappante.

C'est une curieuse figure que celle de Mme de Montmartel, et surnommée la « Messaline blonde. » Elle ose tout, elle risque tout, elle essuie le feu de tous les scandales. Elle rit au nez de l'opinion, et se moque du qu'en dira-t-on comme de l'an quarante. Hardie à l'attaque, vive à la réplique, les plus scabreux propos n'alarment pas sa belle humeur effrontée. Il pleut chez elle les déclarations et les billets doux. On la surprend dans des tête-à-tête qui équivalent au flagrant délit. Aussi sa réputation est-elle celle d'une goule luxurieuse. Avec les amants qu'on lui prête, elle pourrait se faire un régiment de gardes du corps. — Et pourtant la Messaline blonde, dans ses voltiges perpétuelles, n'a jamais fait un simple faux pas. Elle se prête et ne se donne pas ; elle semble facile, elle est impossible. Un très-haut idéal qu'elle s'est fait de l'amour la préserve de tous les caprices. Elle lui compare chaque amoureux qui lui vient, le perce à jour d'un regard moqueur, et le congédie à la première entrevue. Ses aventures s'arrêtent au prologue. Il y a mille préfaces dans le roman de sa vie, et pas un chapitre complet. — Ne criez point au paradoxe ; les Messalines immaculées sont moins rares qu'on ne pourrait croire. Que de femmes, à Paris, diffamées, décriées, presque tarées par le tapage de leur existence, et qui au fond sont inattaquables ! On suppose le feu, voyant la fumée ; mais ce feu, chez elles, s'évapore dans la fumée même, dans la dissipation du monde, le tourbillon des bals, l'agitation des courses, des soirées, des visites, dans les fatigues de cette vie parisienne, comparable aux rudes exercices qui font chastes, dit-on, les athlètes et les chasseresses. Leur coquetterie est une comédie sans coulisses. Étant à tous, elles ne seront à personne. Combien encore, comme Mme de Montmartel, portent sous leur ceinture relâchée une armure de fierté impénétrable à la tentation! L'âme altière de Diane réside parfois sous la tête lascive de Vénus. — « J'ai vu des femmes, — dit Henri Heine, « — qui avaient le vice peint en rouge sur leurs « joues, et dans leur cœur habitait la pureté du « ciel. J'ai vu des femmes... je voudrais les revoir « encore. »

La « Messaline blonde » a pour sœur une Pénélope brune. Mme de Néers est une dévote confite dans le plus exquis mysticisme. Son salon est une *Santa Casa* séraphique. Elle a sa chaise à tous les sermons et son prie-Dieu à tous les offices. Sa réputation est soignée comme la fourrure d'une hermine. Elle préside, avec la dignité discrète d'une abbesse, les conciliabules de la charité. Quand on lui parle des déportements de sa sœur, elle lève vers le ciel des yeux d'ouaille fidèle implorant le retour au bercail de la brebis égarée. — Soufflez l'auréole de cet ange de petite chapelle, écartez sa guimpe, démasquez sa tartuferie veloutée, vous trouverez une dame galante dont les exploits effaroucheraient la plume de Brantôme. C'est elle qui est la Messaline, la possédée du démon de la chair; c'est dans la conque de Vénus qu'elle prend l'eau bénite dont elle asperge, à tour de bras, ses ardeurs, elle est à qui veut la prendre; la liste de ses amants remplirait un calendrier. Ses extases sont des hystéries déguisées; le jargon d'oratoire qu'elle applique à ses convoitises fait l'effet d'une image dévote recouvrant une gravure obscène. Quand on l'enlève, elle fait prendre à ses galants le chemin de Rome, pour donner au rapt l'allure d'un pèlerinage. Vous diriez une bacchante sanglée d'un rosaire.

Je ne garantis pas la ressemblance du portrait; mais il est peint de main d'artiste, avec des nuances d'une finesse et d'une vérité singulières. Ce que je reprocherai à son peintre, c'est l'indulgence qu'il témoigne à cette béate effrénée. Elle est si rouée, qu'elle a *tartufié* jusqu'à son auteur. Il croit et il nous donne pour sincère l'amalgame qu'elle fait, dans sa vie, des passades et des neuvaines, du confessionnal et de l'alcôve, des cierges qu'elle brûle et des balais qu'elle rôtit. Pour moi, je n'y puis voir qu'une dépravation raffinée. La chaudière des sorcières de *Macbeth* est moins diabolique que cette *olla podrida* où la dévotion sert de ragoût au libertinage. Mme de Néers est évidemment de l'école de la duchesse italienne qui s'écriait, en savourant un sorbet, par une soirée brûlante : « Quel dommage que ce ne soit pas un péché mortel ! »

Une variante de la Messaline blonde, moins

croyable, mais racontée de manière à faire illusion, est l'histoire de Mᵐᵉ Victoria de Villeroy, mariée à l'un des archiducs de la jeunesse parisienne. La lune de miel est splendide, mais bientôt Rodolphe s'aperçoit que sa femme prend des vols furtifs et des échappées mystérieuses. Un jour, il surprend son coupé couleur de muraille à la porte de l'hôtel d'un prince étranger. Il attend et l'épie de loin, mordu au cœur par les vipères de la jalousie. La porte s'entr'ouvre, Victoria en sort, en robe noire comme un domino, masquée d'une triple voilette. Ces algarades se répètent : une autre fois, elle s'évade, comme Cendrillon, au milieu d'un bal, sans oublier ses pantoufles, qui la ramènent, l'instant d'après, légère et riante. Elle ajoute l'hypocrisie à la trahison. Chaque fois qu'elle revient de l'adultère, elle redouble envers son mari de caresses et d'enivrements. Le serpent enlace d'ondulations voluptueuses l'homme dont il vient de souiller l'honneur. Rodolphe, cependant, rongeant son frein, domptant sa fureur, dévore en silence les poisons dont elle le repaît. Un soir, il n'y tient plus, et fait dans son boudoir la terrible entrée d'Othello dans la chambre de Desdémona. La jeune femme, à moitié dévêtue, vient se suspendre à son cou, le baiser aux lèvres. « A bas, prostituée ! » et il l'étouffe dans son étreinte. Elle retombe morte, la tête en arrière, sur le lit nuptial, comme une fleur brisée. — Mais voilà qu'il trouve dans son corsage une lettre qui témoigne de l'innocence de la morte ; d'autres arrivent qui la confirment par la voix d'amants transis, évincés, joués, mystifiés, qui n'ont jamais obtenu d'elle que des agaceries moqueuses et des rendez-vous platoniques. Victoria n'était qu'une curieuse ; elle s'amusait à allumer des passions, quitte à s'enfuir, en riant, dès qu'elle les voyait prendre feu. Son seul amant, c'était son mari. Un sceptique s'écriera : « Ah ! les bons billets qu'a Rodolphe ! » Même en les prenant au sérieux, il est difficile de discerner bien nettement ces adultères d'imagination et de tête de l'adultère de cœur et de corps. L'honneur de l'époux n'était pas moins atteint, la vertu de la femme n'était pas moins déflorée par ces caprices à fleur d'épiderme. Et puis, après les escarmouches serait venue la bataille. On ne badine pas avec l'amour défendu ; tôt ou tard il tire son canif, et la conversation criminelle succède aux propos interrompus du marivaudage.

Pour ces deux fausses adultères, que de vraies pécheresses font, à corps perdu, leur sabbat ou leur carnaval dans ce Décaméron parisien ! — La baronne de Malfontaine mène de front quatre liaisons, comme un quadrige antique, sans brouiller les rênes. Une idylle au printemps, une villégiature en été, une bacchanale pour l'automne, un bal masqué pour l'hiver ; c'est la maîtresse des quatre saisons. — Mme de Montalbe, au sortir de l'Odéon, se fait

enlever par un étudiant, dans un fiacre qui la débarque au beau milieu d'un bal de Pierrettes. La voilà initiée aux mystères du grand écart et de la *Tulipe orageuse*. Elle était entrée vertueuse et grande dame, elle sort simple Colombine de ce Pierrot ravisseur.
— Plus d'un lecteur reconnaîtra la comédienne Augusta, une brûleuse de postes galantes, un cœur qui avance toujours d'un tour d'horloge sur celui de ses amoureux. Elle voit, elle s'éprend, elle aime passionnément, et puis plus du tout. Lorsque l'amant, saisi par cette flamme, commence à s'allumer à son tour, le feu de paille est éteint. Elle a fini de l'adorer, au moment où il commence à l'aimer. Un éclat de rire l'avertit que la pièce est jouée, que le rideau tombe et va se relever pour un nouveau jeune premier.

Un pendant spirituel à la tragédie de Rodolphe de Villeroy étouffant sa femme, est l'intermède tragicomique de Montjoyeux, le sculpteur, jouant à la sienne le troisième acte de *Lucrèce Borgia*. Bérangère, qui n'est pas du marbre dans lequel il taille ses *Lucrèces*, l'a trompé pour un duc quelconque. Sur quoi l'artiste, théâtral et farouche comme un mari de drame italien, l'enferme à double tour dans son atelier, et lui présente, au choix, le revolver qu'il tient dans une main, ou le verre qu'il lui tend de l'autre, rempli du poison qui a expédié les convives de la princesse Négroni. La femme, éperdue, choisit le poison ; puis, quand elle a bu, se confesse avec des transports d'amour et de repentir. Alors Montjoyeux la réveille et la tire, en l'embrassant, de la tombe où elle croit entrer. Il n'y avait ni poison dans le verre, ni balles dans le revolver. Elle en est quitte pour sa belle peur. ¡Voilà une femme corrigée par un mélodrame, et qui ne trompera plus jamais son mari.

Un épisode d'une vérité crue et poignante est l'histoire de la décadence de Mlle Lucie Moreau, dont l'auteur, dans les *Parisiennes,* nous a conté l'insolente grandeur. — On se souvient de Gontran Staller, tombé dans les pinces de crabe de cette sirène des Bouffes-Parisiens. Ensorcelé par ce vil amour, il devient son esclave, son jouet et sa chose. Il ruine pour elle sa famille; il laisse mourir son père de douleur; il laisse manger la dot de sa sœur par cette soupeuse qu'on loue à la nuit. Lucie le trompe effrontément et sans prendre la peine de lui cacher ses esclandres. Elle rit de sa jalousie, elle jouit de ses larmes; quand il se bat avec un amant de la veille, elle escompte sa mort en réclames... Ainsi souffrirait un pantin qui aurait un cœur, dans les mains d'un enfant cruel. — Mais Gontran n'a déjà plus d'âme; sa liaison honteuse le tient comme la chaîne d'un bagne, et il la traîne piteusement, jusqu'au jour où la fille le casse aux gages en lui riant au nez. Il ne s'obstine pas moins à lui mendier misérablement des restes de plaisir et des heures de nuit qu'elle lui marchande âprement, ou qu'elle lui refuse avec insolence. Un jour, Lucie, fatiguée de ce revenant du passé, le met à la porte de l'hôtel qu'il lui a donné. Alors Gontran se tue ou, pour mieux dire, il s'achève ; et ce suicide a la justice d'une exécution.

Il fallait châtier cette drôlesse, et le supplice que lui inflige M. Arsène Houssaye, dans cette dernière partie du roman, corrige ce que sa morale peut avoir de trop relâché. — Lucie s'avise d'aimer à son tour, elle prend un amant de cœur, un croque-notes nommé Charles Abelle, dont la beauté de perruquier réalise son idéal. Ce fils de joie est un gredin capable de tout pour satisfaire ses basses convoitises. C'est à la halle du dictionnaire qu'il faut chercher le nom qu'il mérite. A vrai dire, une femme comme elle ne pouvait guère aimer qu'un homme comme lui. L'abîme appelle l'abîme ; le coquin attire la courtisane. Elle est de celles que semble exalter la dégradation de l'objet aimé. La laideur morale exerce sur de certaines âmes la fascination que l'antiquité attribuait à la tête monstrueuse de Méduse. — Lucie s'éprend donc de ce musicastre et elle l'entretient. Il vit impunément aux crochets de sa boutique de marchande d'amour. Mais le drôle se lasse à la fin d'être caché dans les armoires ou mis à la porte quand arrivent les lords protecteurs. Il loge dans la maison et prétend ne plus en bouger. L'horrible odeur de marée qu'il exhale fait bientôt fuir les galants sérieux. La dame reste seule avec son déshonneur incarné dans cet aigrefin. De temps en temps des nausées la prennent; elle se révolte, elle le chasse; ils se battent comme des forçats à la chaîne. Mais c'en est fait, elle est son esclave. De pareilles amours sont des vices passés dans le sang. Comme la chienne de l'Écriture, Lucie finit toujours par retourner à son vomissement. Sûr de son pouvoir, Abelle exploite sa maîtresse à fond, il la dépouille, et il va manger avec d'autres filles l'argent qu'il en tire. Elle subit à son tour les tortures de la jalousie; elle avale tous les poisons, toutes les lies et tous les déboires dont elle a abreuvé les autres. Un jour, elle tombe malade et se met au lit pour mourir. Dans le sommeil de l'agonie, un bruit la réveille. C'est l'amant de cœur qui décroche de la cheminée sa pendule d'argent, et l'emporte; sous son mac-ferlane, comme un soldat prussien en réquisition. A son doigt, elle voit briller la bague en diamants qu'il vient de tirer du sien, à la façon d'un fossoyeur volant un sépulcre. Le corbeau pillait la harpie mourante. « Voleur! » lui crie-t-elle. Elle tombe et elle expire sur ce mot. — Je regrette seulement que l'auteur ait mitigé la rigueur de son châtiment par les larmes de Madeleine qu'il lui prête avant de mourir. Son amour abject n'a pu ni l'attendrir ni la purifier. La passion pour un être pareil à celui qu'elle aime, équivaut à une possession démoniaque. Où diable le remords va-t-il se nicher ? C'est le déshonorer que le faire entrer dans l'âme incurable d'une Lucie Moreau.

« Ci-gît un monde qui aura une page dans l'histoire, » dit M. Arsène Houssaye dans la post-face qui termine les douze volumes de sa *Comédie parisienne*. Cette page sera sans doute plus sévère que les volumes où il le raconte avec tant d'esprit et de charme.

L'histoire mettra très-bas ce monde d'argent et de joie, affamé de jouissances, délirant de luxe, affolé de curiosités vicieuses qui, depuis vingt ans, avait fait de Paris l'auberge banale et débauchée de l'Europe. La société du dix-huitième siècle ne saurait lui être comparée sans insulte. Au plus fort de sa licence, elle garda toujours le culte et la passion des choses de l'esprit. Or, le mépris de l'intelligence était le trait saillant de ce monde dont nous sépare, il faut l'espérer, un profond abîme. Il ne sut que ricaner et jouir; il n'avait d'encouragements et d'applaudissements que pour ce qui pouvait amoindrir et gâter les âmes. C'est à lui que nous devons les engouements bêtes, les courants absurdes, les fétichismes de bas étage qui ont perverti le goût parisien. C'est de lui que sont parties les vogues malsaines de la chanson triviale, de la farce idiote, de la parodie salissante. De la petite bourgeoisie où il végétait autrefois, le béotisme avait escaladé le *high life.* Il s'y pavanait, idiot et cynique, sous la forme étriquée du petit crevé.

Les courtisanes sont de tous les lieux et de tous les temps. Elles règnent toujours sur les passions inférieures. Les moralistes, de siècle en siècle, ont beau s'indigner, Circé ne se préoccupe que du soin d'agrandir et de décorer ses étables. Chaque société est forcée de leur faire leur part de fange et de feu. Mais à quelle époque les vit-on jamais faire le bruit et tenir la place qu'elles avaient usurpée dans les derniers temps? Elles remplissaient les romans, elles accaparaient la scène, elles régnaient au Bois, aux courses, au théâtre, partout où se rassemble la foule. Leur ostentation était une corruption perpétuelle. De ce contact incessant était résulté un pêle-mêle de liaisons, de modes, de mœurs, de langages qui confondait les classes séparées autrefois par d'infranchissables distances. Les hauteurs de la société ne se distinguaient plus nettement de leurs antipodes. Le grand monde avait son camp volant, à peine séparé de l'autre par une imperceptible frontière. Qui peut dire ce que ce relâchement moral a brisé d'énergies, énervé de forces, débilité d'âmes? Qui peut mesurer pour quelle part il entre dans nos effroyables malheurs? Le détrônement de la courtisane remise à sa place, parquée dans sa classe, doit être pour la France nouvelle un des premiers actes de sa conversion aux vertus viriles. Il ne s'agit pas ici de puritanisme, mais de salut public, de vie ou de mort sociale à courte échéance. Une société livrée à l'orgie n'a plus, quand survient l'heure des grandes catastrophes, qu'à tendre la gorge, comme la Messaline antique, au glaive du licteur.

Les romans de M. Arsène Houssaye sont l'histoire de cette période de fêtes et de féeries foudroyées au cinquième acte.

Ce qui prouve combien *les Parisiennes,* comme *les Grandes Dames,* comme *les Courtisanes du Monde,* sont un roman ressemblant, c'est le succès qui les enlève et la curiosité qu'elles excitent. Le monde du luxe et du plaisir y a reconnu ses Mémoires; les femmes y vont, comme au bal de l'Opéra, reconnaître les visages cachés sous ses masques et mettre des noms sur ses pseudonymes aussi transparents que des voilettes de dominos roses. J'imagine qu'un jour ou l'autre on donnera une *clef* plus ou moins précise de ce labyrinthe d'intrigues et d'amours, d'aventures et de bonnes fortunes, et que par là, *les Parisiennes, les Grandes Dames* et *les Courtisanes du Monde* auront leurs petites entrées dans l'histoire des mœurs de l'étrange époque que nous avons traversée.

IV.

MADEMOISELLE CLÉOPATRE[1].

La Presse, août 1864.

Mademoiselle Cléopâtre est l'*étoile* de la saison littéraire. Publié il y a trois mois, le livre en est déjà à sa sixième édition. C'est le succès de la *Dame aux Camélias*, retrouvé et renouvelé.

Il semblait difficile d'écrire sur le demi-monde un livre intéressant et nouveau, après le terrible abus que le théâtre et le roman ont fait de ses héroïnes. On a exploité leurs splendeurs et leurs décadences, leurs rhumes de poitrine et leurs remords de conscience, leur impénitence et leur repentir. On les a conduites du jardin Mabille au couvent et de l'hôpital

---

1. *Mademoiselle Cléopâtre* est par la date le premier roman parisien de M. Arsène Houssaye. Voilà pourquoi l'éditeur réimprime aussi la critique de M. Paul de Saint-Victor.

Comme romans parisiens de l'heure présente, il faut indiquer au lecteur *Mademoiselle Mariani* et le *Roman de la Duchesse*.   L'ÉDITEUR.

à l'hôtel; on les a fait rire, pleurer, chanter, râler et marivauder sur toutes les gammes du genre bouffe et du pathétique. Que de panégyrique et que de diatribes ! Que d'élégies et de satires ! Quelle balançoire éternelle de l'apothéose à l'égout ! Le drame et le livre ne nous ont pas fait grâce d'un seul détail de leur vie intime. Nous savons tous les menus de leurs soupers, tous les chiffons de leurs toilettes, toutes les recettes de leurs maquillages, toutes les rouxeries de leur répertoire. Leurs langages nous sont familiers, depuis le cri de la *grue* jusqu'au rugissement de la lionne : le *javanais* même ne nous est pas étranger. Moissonné par tant de chercheurs, dévasté par tant de pillards, le pays « où les camélias fleurissent » semblait, pour longtemps, une terre épuisée.

M. Arsène Houssaye vient pourtant de le rajeunir : son livre, très-observé sous sa fantaisie apparente, enjoué à la surface et amer au fond, mêle à l'intérêt d'une action tragique les curiosités et les élégances de la bohème féminine. Indulgent, dans la forme, pour les folles existences qu'il décrit et qu'il met en scène, il ne leur épargne ni le châtiment ni la honte, et il les tranche, à la fin, par deux suicides mérités. — Cérigo, l'ancienne Cythère, l'île des myrtes et des roses, le séjour aimé de Vénus, paraît ravissante, entrevue de loin à travers l'azur de l'Archipel ; de près, ce n'est qu'un rocher aride, découpé sous un soleil sans ombre, où, pour toute végétation,

Gérard de Nerval vit fleurir une potence au bout de laquelle se balançait un pendu. — De même, le monde de fêtes galantes à travers lequel M. Arsène Houssaye nous promène aboutit à la rencontre de deux cercueils. — C'est une moralité comme une autre.

Le roman contemporain n'a pas de type plus bizarre que celui de Mlle Cléopâtre, avec ses deux existences et ses deux visages, tour à tour blonde comme les blés et brune comme la nuit ; courtisane dans sa maison des Champs-Élysées, grande dame dans un hôtel du faubourg Saint-Germain ; entourée ici de l'escadron volant des viveurs et des jeunes gens à la mode ; là, d'un cercle intime d'hommes graves et de femmes sérieuses ; passant de la passion à la dévotion, du faste insolent à une aisance simple et digne ; et réalisant, sous les deux noms de la marquise Cavoni et de Cléopâtre, le rêve d'une double existence. Cette vie dédoublée, est-elle purement chimérique ? On pourrait citer plus d'une histoire très-réelle qui ressemble d'assez près au roman de Mlle Cléopâtre. Tout arrive dans ce bruyant et changeant Paris, plein de dédales et plein de prestiges. Il se joue plus de féeries sociales qu'on ne croit sur ce théâtre immense si bien machiné pour les changements à vue et les travestissements d'existences. Mais, vraisemblable ou non, Mlle Cléopâtre a la vérité d'un symbole. Elle personnifie dans sa vie, en partie double, les deux instincts et les deux tendances qui se disputent souvent le cœur de la femme.

Il y a des âmes déclassées de naissance. On voit des comédiennes et des courtisanes regretter désespérément, du brûlant milieu où elles brillent, l'obscur bonheur des foyers paisibles. J'en sais qui sont mortes de leur vie factice, contentes de mourir, et de quitter avant l'heure le bruyant spectacle où elles paradaient. On voit aussi des femmes bien nées, entourées de toutes les protections de la famille et de la fortune, qui n'aspirent qu'à descendre pour se mêler aux saturnales du monde inférieur. L'odeur des camélias leur monte à la tête ; elles ont soif des eaux furtives, elles ont faim des fruits défendus. Elles s'écrieraient volontiers, comme la Dame galante de Brantôme, au récit du carnaval de Venise : « Hélas ! si nous eussions fait porter tout nostre vaillant en ce lieu-là par lettres de banques, et que nous y fussions pour faire cette vie courtisanesque plaisante et heureuse, à laquelle toute autre ne sauroit approcher, quand bien nous serions empérieres de tout le monde ! »

La Cléopâtre de M. Arsène Houssaye résume dans l'imbroglio masqué de sa vie, ces aspirations en sens inverse, au désordre et à la vertu, ces nostalgies contraires du bien et du mal. Ne pouvant la faire honnête, l'auteur l'a faite du moins séduisante. Fière comme une duchesse déclassée, spirituelle comme une comédienne du xviiie siècle, touchant aux arts d'une main gracieuse et légère, faisant de la toilette la poésie du corps, et du luxe l'art décoratif de la vie, Mlle Cléopâtre domine de la tête ses compagnes vulgaires, et c'est d'un pas de déesse sur les nuées qu'elle parcourt le sentier de la perdition. Figure sympathique après tout, malgré ses souillures, et gardant cette supériorité dans sa chute, de se mépriser secrètement elle-même, et de s'ennuyer affreusement. L'ennui saisit en effet, tôt ou tard, les existences vouées au plaisir : le dégoût veille au seuil de l'orgie, comme le nègre hideux à la porte du harem. Il ne s'attaque, il est vrai, qu'aux âmes de race et tombées de haut ; il est des cœurs trop gâtés pour ressentir ses morsures. La plèbe galante n'est pas sujette à cette maladie ; mais les grandes dames de ce monde-là en sont tôt ou tard atteintes. Un moment vient où Vénus, rassasiée et non assouvie, se dresse en sursaut sur un lit vénal : elle rêve accoudée sur l'oreiller... et des larmes coulent silencieusement sur ses joues fardées.

Le portrait de cette Cléopâtre parisienne serait trop séduisant peut-être, et compromettrait la morale du livre, si l'action n'était là pour la rétablir. Le poëte a splendidement flatté son modèle ; il a « blanchi le sépulcre, » comme dit la Bible, mais, du moins, il ne cache pas la corruption qu'il recèle. Son héroïne est une créature malfaisante ; on ne l'aime pas impunément; elle perd ou elle flétrit tous ceux qui l'approchent. Une influence mortelle couve sous cette beauté exquise et superbe, comme la peste dans les plis d'un cachemire de l'Orient.

Au moment où le livre s'ouvre, Mlle Cléopâtre est la maîtresse de Max Auvray, le fils d'un riche orfévre qui a retrouvé l'art des maîtres de la Renaissance, et qui gagne un million par an avec des chefs-d'œuvre. Max Auvray est un de ces enfants gâtés qui sont pourris avant d'être mûrs : vrai fils de joie, amolli par l'oisiveté, perverti par la vanité, capable de tout pour étancher sa soif fébrile du plaisir, jouet misérable de passions fantasques qu'il ne sait ni surmonter ni conduire. Voici d'ailleurs son portrait, dessiné d'un trait net et ferme. On a reproché à M. Arsène Houssaye de faire trop souvent du pastel ; cette fois il a gravé à l'eau-forte :

« Max était un Parisien de la décadence, une figure pâle, fine, efféminée, où la perversité s'accusait sous la raillerie. Il n'y avait pas là un homme pour l'avenir, l'enfant gâté avait stérilisé l'enfant, ou, plutôt, c'était l'enfant du siècle, bruyant, orgueilleux, bravache, tout à lui, mais plus encore à ses passions qu'à lui-même ; n'ayant ni foi ni loi, sauvé çà et là des aspirations brutales par son vif amour pour Cléopâtre et par un vague sentiment de l'art... Max ne croyait à rien qu'à l'heure présente. Il vivait au jour le jour, sans plus s'inquiéter de la veille que du lendemain. Il ne se préoccupait que de deux choses : aimer Cléopâtre et avoir de l'argent ; le reste ne comptait pas pour lui. Son horizon commençait rue du Cirque et finissait au bois de Boulogne. L'infini, pour lui, c'était Bade ou Epsom. Il avait d'ailleurs tous les menus talents qui sont l'orgueil du nouveau Paris : il montait à cheval comme pas un ; il conduisait artistement quatre chevaux, cigare aux lèvres, lorgnon dans l'œil, saluant de çà, de là, avec la plus parfaite quiétude ; il était à tous les assauts d'armes, il jouait beau jeu, il faisait courir ; en un mot, il était toujours cité parmi ces beaux fils qui ne *travaillent* que pour les femmes. »

De pareilles natures sont de la chair à courtisane : Max devient la proie de Mlle Cléopâtre, qui le ruine sans le savoir et sans y songer. Habituée au train d'un luxe infernal, elle ne connaît que la dépense de la vie et en ignore la recette ; elle ne s'inquiète pas plus du prix des choses qu'une fée d'Orient de la valeur des rubis. Jamais elle n'a demandé un louis à son amant, mais il faut qu'elle vive ; et la vie pour elle se solde par un budget de princesse. Capable de mourir pour son amant, Mlle Cléopâtre est incapable de vivre à moins de mille francs par jour. La femme vénale traîne après elle un boulet rivé à sa marche. On ne trafique pas impunément de son cœur : une fois vendu, il entre, pour n'en plus sortir, dans la circulation des choses monnayées, il a ses hypothèques, ses priviléges, ses saisies, ses faillites frauduleuses ou simples : il dépend d'une dette criarde ou d'une échéance. — Max sait cela ; il sait aussi que sa maîtresse lui échappera fatalement, quand il ne pourra plus combler le gouffre qu'elle creuse autour d'elle. L'énergie lui manque pour briser cette chaîne dont le dernier anneau aboutit à la prison de Clichy ; elle ne lui revient que pour forger l'or qui l'allonge. Le récit peint avec une vérité poignante cette existence misérable attachée à la roue d'un moulin avide, battu par tous les vents du désordre, qui tourne jour et nuit, broyant les diamants, les dentelles, les toilettes, les meubles précieux, les fleurs rares... Il écrasera l'insensé qui l'alimente le jour où il ne pourra plus le remplir.

Ce jour arrive. Max, accablé de dettes, perdu de crédit, joue son va-tout à une table de baccarat. Il y perd deux cent mille francs qu'il n'a pas. Le déshonneur le menace d'un côté, la contrainte par corps le saisit de l'autre ; de plus il va perdre Cléopâtre, car son père, même s'il lui pardonne, l'exilera de Paris. A ce moment de détresse, la tentation se présente à lui sous une forme horrible. Il a rencontré chez son père un joaillier de Londres garni d'un portefeuille de huit cent mille francs ; il le retrouve quelques heures après soupant dans un restaurant du boulevard, avec une fille surnommée la « Dame de Carreau. »

L'idée lui vient de l'attirer, à l'aide de cette fille, dans une allée déserte du bois de Boulogne, et de lui voler ces huit cent mille francs. Vous criez à l'invraisemblance. L'image d'un fils de famille détroussant un passant au coin d'un bois, et se métamorphosant, d'une heure à l'autre, en gibier de potence, refuse d'abord absolument d'entrer dans l'esprit. Je vous renvoie au livre dont l'analyse pénétrante fait presque comprendre cette dégradation fabuleuse. On voit l'idée diabolique, à peine tombée dans cette nature perverse, y germer comme une plante vénéneuse dans un terrain insalubre. Elle lui fait peur d'abord, puis elle le fascine; elle envahit et elle obscurcit tout son être. Son crime projeté s'empare de lui comme un démon; il le tient et ne le lâche plus.

Le guet-apens réussit; Max s'enfuit du bois avec le portefeuille qu'il arrache à l'homme terrassé; mais le châtiment marche sur ses talons... L'Anglais a l'ivresse lucide; il a reconnu son agresseur. Une heure après, il est chez M. Auvray, et lui dénonce le voleur. Le père fait venir son fils, l'interroge; puis, lorsqu'il l'a reconnu coupable, il le juge, le condamne à mort, et lui présente le pistolet du suicide. — Certes, une telle scène est plus romaine que française. Ce salon de famille s'agrandit aux proportions d'un prétoire : le père y apparaît absolu, implacable comme le *Paterfamilias* antique. Vous diriez

Manlius terminant l'austère mercuriale qu'il adresse à son fils, par ce coup de hache : « Va, licteur! attache-le au poteau. » Mais la situation est si forte, qu'elle supporte sans invraisemblance cette exagération du devoir.

L'action marche avec une rapidité pathétique. Max a repoussé lâchement l'arme expiatoire que lui tendait son père. Il s'est réfugié chez sa maîtresse, qui donne cette nuit-là un brillant souper dans sa petite maison des Champs-Élysées. M. Auvray l'y poursuit; il apparaît, grave et sombre, au milieu des éclats de rire et des tintements de verres. Les convives fuient en désordre devant l'apparition vengeresse, et ce cadre d'orgie entourant cette tragédie domestique, ces bougies de souper qui vont devenir des cierges funèbres, cette nappe tachée de vin que tout à l'heure le sang rougira, rehaussent terriblement les scènes qui vont suivre. Le père raconte l'infamie de son fils, et Cléopâtre ratifie sa condamnation. Mais, se jugeant complice du crime commis pour elle, elle se condamne avec lui. La courtisane apprend à mourir à son lâche amant. Elle s'empoisonne avec une perle noire, joyau mortel qu'elle porte à son cou; et Max, après une terrible partie de lansquenet où il a mis sa vie en jeu, pressant enfin la détente du pistolet qui vacillait dans sa main débile, se tue à ses pieds. Cléopâtre survit quelques jours et meurt enfin sous le masque de la marquise Cavoni, pour mourir en odeur de sainteté.

Tel est, dans son plus sommaire abrégé, ce livre étrange, à la fois très-réel et très-romanesque, violent avec grâce, sinistre avec charme, mélange irritant d'angoisses et d'élégances, de terreur et de volupté. L'auteur ne s'emporte pas contre les vices qu'il raconte, il se contente de les montrer à l'œuvre, il leur fait rendre toutes les larmes et tout le sang qu'ils peuvent contenir, et l'exemple n'est pas moins fort, pour être donné sans déclamation. On peut juger, d'après cette simple esquisse, de l'intérêt du récit : aux derniers chapitres surtout, il prend le souffle et la démarche d'un drame entraînant. Mais l'observation tient autant de place que l'action dans le roman de M. Houssaye : ironique et fine, enjouée et mordante, elle creuse en ayant l'air d'effleurer. Il y a là des portraits sous lesquels on mettrait des noms : j'ai cité celui de Max ; il aurait fallu joindre, comme pendant à ce Valet de Cœur, la « Dame de Carreau, » un profil de coquine d'une ressemblance incisive. — Ajoutez à ces qualités essentielles un sentiment très-vif de la société moderne et mondaine, l'intelligence sympathique des choses et des misères parisiennes, une imitation surprenante des dialectes de l'esprit et des ramages de l'amour, un style savant et fin qui traverse le terrain du vice, comme le pied des femmes qu'il décrit trottine dans la boue, sans y attraper une éclaboussure ; par-dessus tout cela, je ne sais quelle vie nerveuse et fébrile qui surexcite le récit, et lui donne en quelque sorte la pulsation de l'actualité. Il est telle de ces pages qui rappelle les effets instantanés qu'obtient aujourd'hui la photographie. Tout le *mundus muliebris* contemporain est là, saisi au passage, non pas seulement dans la ressemblance de ses mœurs et de ses figures, mais dans sa vie même et son frémissement.

FIN.

TABLE

LIVRE PREMIER.

I.	Ce que coûte un bouquet de cent sous. . . .	1
II.	Profil et trois quarts de mademoiselle Lucie. .	12
III.	Un père romain	25
IV.	Nuit de fièvre, jour de fièvre.	29
V	De l'argent à l'amour.	36
VI.	Une fille à marier.	42
VII.	Mademoiselle Lucie éclate en sanglots. . . .	49
VIII.	La pluie d'or.	57
IX.	La famille.	60
X.	La vie privée est murée.	68
XI.	Les folies d'un fauteuil d'orchestre.	72
XII.	Un train de plaisir.	83

XIII.	Le testament.	89
XIV.	L'amour et la conscience	94
XV.	La joueuse de harpe.	97
XVI.	Du danger d'écrire des lettres.	107
XVII.	Qu'il y a des coups de plume qui sont des coups d'épée.	120
XVIII.	Le cadre noir du bonheur	134
XIX.	L'abîme rose.	138
XX.	La déchéance de l'amour	149
XXI.	La fête sous le cyprès.	156
XXII.	Le spectre au banquet.	161

LIVRE II.

I.	Qu'est-ce que le bonheur?	173
II.	Pourquoi les courtisanes n'ont pas d'enfants.	179
III.	Un amant de cœur.	183
IV.	Un épouseur en queue de poisson.	196
V.	Un bon prince.	203
VI.	Un duel au premier sang.	208
VII.	Dettes de jeu et dettes de cœur.	216
VIII.	De mademoiselle Trente-six-Vertus.	221
IX.	La peine du talion	228
X.	Parfum de vertu au seuil de la courtisane.	240

XI.	Le voleur et la mort.	246
XII.	La pendule qui marque les heures d'amour. .	258
XIII.	Le coup de l'étrier.	262

LA COMÉDIE PARISIENNE.

I.	Les Grandes Dames.	267
II.	Les Parisiennes.	290
III.	Les Courtisanes du Monde.	304
IV.	Mademoiselle Cléopâtre.	320

Imprimerie EUGÈNE HEUTTE et Cᵉ, à Saint-Germain.

L'ARTISTE

HISTOIRE DE L'ART CONTEMPORAIN

JOURNAL DES BEAUX-ARTS

FONDÉ EN 1830

LES ARTISTES EN FRANCE ET A L'ÉTRANGER
LES MUSÉES, — LES ATELIERS, — LES EXPOSITIONS,
CHRONIQUE DU MONDE DES ARTS

QUATRE-VINGTS GRAVURES ET EAUX-FORTES PAR AN

D'APRÈS LES MEILLEURS TABLEAUX DE

INGRES — DELACROIX — DECAMPS — DIAZ — ROSA BONHEUR
BAUDRY — GAVARNI — GÉROME — MEISSONIER — CABANEL
— CAROLUS DURAN — ERPIKUM, ETC.

RÉDACTEUR EN CHEF : ARSÈNE HOUSSAYE

PARIS, UN AN, 50 FR. — DÉPARTEMENTS, 58 FR.
ÉTRANGER, 68 FR.

PRIX DU NUMÉRO : 4 FRANCS

A PARIS
AUX BUREAUX DE *L'ARTISTE*
CHAMPS-ÉLYSÉES, AVENUE FRIEDLAND, 49
ET A LA LIBRAIRIE NOUVELLE

Imprimerie Eugène Heutte et C*, à Saint-Germain.

ARSÈNE HOUSSAYE

SOUS PRESSE
LES MILLE ET UNE
NUITS PARISIENNES

MŒURS DU JOUR

LES GRANDES DAMES

Tome Ier. — *Monsieur Don Juan.*
Tome II. — *Madame Vénus.*
Tome III. — *Les Pécheresses blondes.*
Tome IV. — *Une Tragédie à Ems.*

1re édition. — 4 volumes in-8 cavalier, portraits gravés sur acier.
20 francs.

LES PARISIENNES

Tome Ier. — *La Femme qui frappe.*
Tome II. — *Mademoiselle Phryné.*
Tome III. — *Les Femmes adultères.*
Tome IV. — *Les Femmes déchues.*

1re édition. — 4 volumes in-8 cavalier, gravures sur acier.
20 francs.

LES COURTISANES DU MONDE

Tome Ier. — *La Messaline blonde.*
Tome II. — *Les Aventures de Violette.*
Tome III. — *Les Femmes démasquées.*
Tome IV. — *Comment finissent les passions.*

1re édition. — 4 volumes in-8 cavalier, gravures sur acier.
20 francs.

Imp. Eugène Heutte et Cie, à Saint-Germain.

www.ingramcontent.com/pod-product-compliance
Lightning Source LLC
Chambersburg PA
CBHW060333170426
43202CB00014B/2759